배려란 무엇인가?

: 포스트-구조주의적 접근을 중심으로

"배려가 무엇인지를 늘 가르쳐주신 어머니와 장모님, 그리고 아버지께"

김기태

사회언어학자이며 영어교육자로 현재 계명대학교 사범대학 영어교육과 부교수입니다.

주요 전공 분야는 포스트—구조주의적 담화분석, 문화간 헬스 커뮤니케이션 등입니다. 2006년 미국 수도 Washington, D.C.에 소재한 Georgetown 대학교에서 박사학위를 받고 캘리포니아와 미네소타에서 근무하다 귀국하여 2012년부터 계명대학교에서 재직하고 있습니다.

지금까지 40여 편의 논문을 발표하였고, 담화인지언어학회, 현대문법학회 등의 전문학술단체의 이사로도 활발 활동하고 있습니다.

배려란 무엇인가? : 포스트—구조주의적 접근을 중심으로

초판 인쇄 2023년 6월 20일
초판 발행 2023년 6월 30일

지 은 이 김기태
펴 낸 이 박찬익
편 집 장 권효진
책임편집 정봉선

펴 낸 곳 ㈜박이정출판사
주　　소 경기도 하남시 조정대로45 미사센텀비즈 8층 F827호
전　　화 031-792-1195
팩　　스 02-928-4683
홈페이지 www.pjbook.com
이 메 일 pijbook@naver.com

등　　록 2014년 8월 22일 제2020-000029호

ISBN 979-11-5848-914-4 93300

값 16,000원

이 연구는 2022년도 계명대학교 비사연구기금으로 이루어졌음

배려란 무엇인가?

: 포스트-구조주의적 접근을 중심으로

김기태 지음

머리말

근래 우리나라 사회의 곳곳에서 여러 소위 '개념 없는' 사람들 혹은 '무개념아(無槪念兒)'들이 대중매체와 SNS의 지면에 오르내리며 공분(公憤)을 키우는 일이 안타깝게도 점점 늘어나고 있다. 이들 기사에 관한 대중의 댓글 상당수는 각종 '갑질'을 하는 이런 '빌런(villain)'들, 혹은 '-충(蟲)'들이 '개념 없음'을 성토한다. 그렇다면 대중은 무엇에 관한 '개념 없는' 사람들에 분노하는 것일까?

필자는 이를 '___에 관한 개념 없는 사람'이라고 해 놓고 밑줄에 어떤 표현이 들어가야 하는데 생략되었는지 주변에 질문해 보았다. 이에 흔히 돌아오는 답변은 "상식", "예의", "매너", 그리고 "배려" 등이었다. 이 중에서 다른 답변을 모두 아우를 수 있는 표현이 바로 "배려"가 아닐까 한다. 그렇다면 우리나라 사회는 점점 '배려 없는' 사회가 되어가고 있을 수도 있다. 적어도 '배려 없는' 사람에 관한 보도는 점점 많아지고 있다.

그러나 다시 필자가 '배려'가 무엇인지 물어보니, 대체로 쉽게 답하지 못하고 잠시 고민들이 이어졌다. 사실 필자도 배려에 관해 처음에는 매우 순진하게 생각하고 연구를 시작했다가 적지않이 당황했고, 지금도 그 학문적 깊이와 넓음에 놀라고 좌절하며 고민하고 있다. 그러나 배려는 기본적으로 다학제적이고 복합적으로 접근해야 하는 개념이고 또 그렇게 여러 분야에서 연구가 되어 왔다. 국내에만 해도 배려를 전문적으로 연구하는 학술단체인 한국배려학회(Korean Society for Caring 혹은 KORSCA)가 있고, 이 단체가 산하 전문 분과위원회를 언어, 교육, 철학·윤리, 여성학, 심리(상담), 아동가족, 국제, 기타 등의 영역에 두고 있다는 사실은 배려의 전문성, 복합성, 다학제성 등을 극명하게 드러낸다.

이렇게 매우 학문적으로 전문적이고 복합적이고 다학제적임에도 불구하고, 한편으론 대중적인 이해도 전혀 없지는 않은 배려에 관해 이 책은 그렇다면 어떤 접근을 취하는가? 다학제적인 배려에 관한 내용을 각 분야의 시각에서 각각 개괄하는 개론서인가? 그렇다면 매우 이상적이겠으나 현재 필자의 일천한 식견과 여러 가지 제약으로 인해 독자 제위께 송구하게도 그런 책은 아니다. 그렇다고 일반적이고 대중적인 이해를 바탕으로 대중매체의 내용에 관해 논하는 평론서나 교양서도 아니다. 이 책은 배려라는 전문 분야에 입문하는 사회언어학자, 특히 담화분석을 주로 수행하는 언어학자가 지금까지의 연구 내용을 언어를 중심으로 하는 관점에서 정리하고 향후 나아갈 바를 현재 시점에서 점검하는 책이라고 할 수 있다. 그러므로 위에서 언급한 한국배려학회 편제상으로는 아마도 언어 분과위원회에서 논의되는 것이 적합한 책일 것이다. 그러나 사회언어학의 관점에서도 배려에 접근할 수 있는 방법은 여러 가지가 있으므로 충분한 소개가 되지는 못할 것이다. 또 반면에 배려는 언어를 중심으로 하는 접근 외에도 여러 분야에서 오래 접근해 왔기 때문에 물론 다른 분야도 일부 소개하게 될 것이다. 그러나 이 책의 중심은 언어(좀 더 정확하게는 발화–행위)에 있을 것이다.

그렇다면 왜 배려에 관해 언어를 중심으로 접근하는 책이 필요한가? 차차 밝히겠으나, 그 주된 이유의 하나로는 배려를 정의하고 그 이론적 체계를 수립하고 교육 전략을 채택하는 데에 있어서 언어 연구가 선행되거나 우선시되지는 않았다는 점을 들 수 있다. 이는 아무래도 배려 연구, 혹은 배려학, 혹은 배려론의 전통이 철학–윤리–도덕, 교육, 심리 등 언어 외의 여러 분야를 중심으로 했었다는 점과도 무관하지 않다. 즉, 전통적으로 배려를 논하는 데에 있어 언어 외의 분야에 중심이 있었다. 이러한 다학제성은 배려의 영역을 광범위하게 하였고 용어는 일관적이지 않게 하였으며, 이에 따라 배려와 언어의 관계도 불명확해졌다. 이에 주목해서 이 책은 배려의 협의와 광의를 아우르는 노력을 하면서, 주류는 아니더라도 배려를 언어 중심으로 접근하는 연구를 집중적으로 소개하는 데에 우선순위를 둔다. 이후 좀 더 주류라고 할 수 있는 철학–윤리–도덕적이나 교육적으로 접근하는 연구를 소개하려 한다.

이 책은 배려와 관련된 언어 문제를 부각하기 위해서 우선 1장은 배려의 여러 학술적인 정의를 제시하기보다는, <표준국어대사전>에서의 일반적인 정의를 검토하여 크게 네 가지 문제를 제시한다. 그리고 이를 확대하여 배려와 번역의 문제, 그리고 배려와 관련된 유사어의 문제를 검토한다. 그리고 이와 같은 문제 제기와 논의를 통해, '배려' 논의에 있어 언어적 논의가 선행하여야 할 필요가 있음을 부각한다.

2장은 왜 이 시점에서 배려 논의나 연구에 있어 언어를 더 중심으로 끌어들여야 하는지를 살핀다. 이를 위해 인성교육진흥법 전후의 배려교육을 향한 관심과 노력, 그리고 제도를 살피고, 배려교육에 있어 언어의 중요성을 순차적으로 제시한다. 또 이어서 배려교육을 포함하는 총론 차원에서의 인성교육과 개별 교과교육 사이의 관계를 검토하여, 배려와 배려교육의 다학제성을 강조한다. 또 이를 통해서 5장에서 비언어중심적 배려론의 대표격인 Noddings의 이론을 소개할 연결 고리로 삼는다.

이후 3장, 4장, 5장은 1장에서 제기했던 문제들을 염두에 두며 크게 포스트-구조주의적 접근법, 상생화용(론)계 접근법, 그리고 Noddings의 접근법을 각각 소개한다. 3장은 Davies & Harré(1990/1999)가 선도한 포지셔닝 이론(Positioning Theory), 포스트-구조주의적 담화분석, 그리고 Pennycook(2001)이 제안한 비판응용언어학(Critical Applied-Linguistics)를 크게 포스트-구조주의적 접근법으로 하나로 묶어 각 관점에서 배려에 접근한다. 비교적 국내에 널리 알려지지 않았으나 인식론적 체계와 분석 틀을 제공하는 포지셔닝 이론을 가장 처음으로, 또 자세히 소개한 후, 이를 조금 확대해가며 또 실천적 수행론으로서의 성격을 강조해가며 다른 두 이론으로 옮겨간다.

4장의 상생화용(론)계 접근법은 최현섭(2004a, b) 이후로 국내 국어교육학계를 중심으로 꾸준히 배려에 관련해서 학술 활동을 진행 중이다. 안타깝게도 배려에 관해서 아직은 국내 학계, 특히 국어교육학계를 넘어 널리 알려지지는 못한 것으로 보인다. 그러나 배려 연구에 있어 언어를 그 중심에 놓은 몇 안 되는 학설/학풍/학파의 하나로, 관련 논저도 적지 않으므로 배려를 연구할 때 언어를 우선순위에 둘 것을 제안하는 본서에서 충분히 소개할 만한 이론이다. 그 이론적 논의, 교육적 논의 등을 비교적 자세히 소개하고 다른 접근법과의 논점을 비교하고 대조한다.

5장의 Noddings(1984/2013, 1992 등)의 배려론은 배려에 관해서는 아마도 가장 널리 학계, 교육계, 그리고 일반인에게 알려진 접근법이다. 그러나 셋 중에서는 언어와 가장 거리가 멀고, 또 본서 말고도 훨씬 뛰어난 논저들이 더 잘, 그리고 더 깊이 있게 소개한다는 점에서 가장 나중에 간략하게 소개한다. 그러나 워낙 널리 알려져있는 접근법이기에 처음서부터 계속해서 "5장에서 소개할"을 남발해야 하는 안타까움이 있기는 하다. 역시 기본적인 내용을 소개하고 3장과 4장의 다른 접근법들과의 논점에 있어 유사점과 차이점 등을 점검한다.

6장은 본서를 마무리한다. 우선 1장부터 5장까지의 내용을 요약하여 결론을 내린다. 그리고 이 책이 학문적, 실용적으로 함의하는 바를 논한다. 끝으로 이 책의 한계도 논하고 후속 연구가 필요한 부분을 논한다.

필자는 이 책이 이미 다학제적인 분야 전체를 개괄하는 개론서라기보다는 일부 사회언어학적인 관점에서 배려 관련 연구를 언어에 중점을 두고 소개하는 데에 중점을 두는 책임을 밝혔다. 따라서 필자는 이 책이 다학제적인 배려 연구에 있어 언어적인 측면에 조금 더 관심을 끌 수 있기를 소망해본다. 이것이 배려 연구에 언어가 가장 중요하다는 뜻은 물론 아니다. 하지만 다른 심층 논의에 앞서 언어적으로 면밀한 검토가 필요하다는 점은 이 책이 충분히 강조할 수 있기를 바란다. 왜냐하면 배려를 실행하거나 실현하는 데에 반드시 언어가 필요한 것은 아니지만, 배려를 논할 때는 결국 언어로 진행하기 때문이다. 특히 이 책의 3장과 4장이 제시하는 접근법들은 정도의 차이는 있지만 기존의 비언어적 배려 연구에 비해서 언어를 중심으로 인식론적 체계를 구축하고, 또 분석 및 활용 모델 등도 제공하기도 한다. 이에 이들이 향후 비언어적 배려 연구에도 활용될 수 있었으면, 또 국내외에 더 널리 알려져 더욱 활발한 토론을 통해 성장할 수 있었으면 하는 소망을 품어 본다.

필자가 이 책을 쓰게 된 직접적 동기를 제공해 준 것은 씨앗이 된 논문 작성 과정이었다(김기태 2022). 필자는 박사학위논문(Kim 2006)에서부터 오랜 기간 이론적 틀로 포지셔닝 이론을 활용해 왔으나, 최근 2020년 이후 언어학적, 담화적 장치로서의 포지셔닝 촉발 장치에 관심을 기울여왔다(김기태 2020, 2021a, b). 배려에 관해서도 비슷한 기저가 있지 않을까 고민하는 과정에서 이 분야에 관심을 가지게 되었다. 그러나 처음 시도하는 작업이라 "그 가능성 탐구"라는 부제를 붙인 논문이었다.

그 과정에서 배려처럼 다학제적인 분야를 필자의 주장과 함께 제한된 지면의 논문에 제대로 소개하기 어렵다는 점을 깨닫게 되었다. 이에 해당 논문을 확대, 발전시켜서 논문에서 못한 이야기를 발전시켜서 저술로 발전시키기로 하였다. 그리고 이 책에서 소개하지 못한 다른 분야의 연구 동향도 더욱더 많이 소개하고자 했었다.

그러나 필자의 일천한 학식과 다른 여러 가지 제약으로 인해 당초 의도보다 많이 소략한 결과를 손에 쥐게 되어 큰 아쉬움이 남는다. 논문이 아닌 저술을 통해 지면의 한계로 인한 아쉬운 점들은 많이 극복하기는 하였으나, 배려 연구가 워낙 다학제적인 분야이고 필자의 학식은 아직 일천한지라 아직도 언어를 벗어난 분야를 소개하고 인성교육과 좀 더 밀접하게 연결하는 데에는 미진한 점이 많다. 또 좀 더 많은 발화-행위의 실제 예로 좀 더 실증적 논의를 진행해 좀 더 독자에게 다가가고자 했으나 그러지 못한 아쉬움도 크다. 이에 이 책에서 부족하고 아쉬운 부분을 개정판에서 보완해보리라는 구상을 벌써 해 본다.

매우 초라하고 볼품없는 저술이지만 '배려'에 관한 이 저술이 여기까지 오기까지 부족한 필자를 지원하고 성원하고 '배려'해 주신 분들은 매우 많다. 우선 이 저술은 2022년도 계명대학교 비사연구기금으로 이루

11

어졌음을 밝히며, 이 저술 작업이 가능하도록 지원해주신 학교 측, 지원 결정을 내려주신 사범대학 심사위원분들과 이를 승인해 주신 김신혜 학장님께 진심으로 깊은 감사의 말씀을 올린다. 또 연구기금 집행 과정을 도와준 연구지원팀의 김은홍 선생님께도 깊은 감사를 표한다. 그리고 누구보다도 연구와 집필 과정에서 '배려 없는' 요청을 묵묵히 들어 주고 큰 도움을 준 정효영 선생님께 진심으로 고마운 마음을 전한다. 또 한국배려학회에 관한 질문에 답변해 주신 전주교육대학교 서현석 교수님께도 깊은 감사 말씀을 올린다.

또한 부족한 내용과 짧은 시간에도 불구하고 이 책이 나오기까지 도와주신 분들께도 깊은 감사의 마음을 전한다. 출판을 허락해주시고 초고를 수정하고 보완하여 멋진 책으로 완성해주신 ㈜박이정 출판사의 박찬익 사장님과 박관우 대리님, 그리고 편집팀 관계자분들께 감사하다는 말씀을 전한다.

그리고 이 책에서 감히 인용한 존경하는 선후배 학자분들께 감사 말씀을 올리며, 필자가 제대로 이해하지 못했거나 표현하지 못한 부분에 관해서 미리 양해와 지도를 정중히 부탁드린다. 또 반면에 허술하기 짝이 없는 졸저를 손에 쥐고 계신 독자 제위께도 감사를 드리며, 필자의 몰이해, 오탈자 등에도 미리 송구하다는 말씀을 드린다. 혹시라도 수고스럽더라도 알려 주신다면 개정판에 반영하도록 하겠다.

이 졸저가 나오기까지 필자가 누구보다도 '배려라고는 없이' 대한 가족들에게 말로 표현하기 어려운 미안과 감사와 사랑의 말씀을 전한다. 물론 필자가 배려에 관한 책을 썼다면 어이없다며 웃겠지만 말이다. 팔리지도 않을 책을 쓴다고 앉아있는 저자를 불만 없이 기다려준 배우자 정지연과 아빠를 '배려하며' 놀기를 기다리다 지쳐서 어느덧 꼬마 티를 벗어가는 아들 예호에게 감사하고 미안하고 염치없이도 무한히 사랑하는 마음을 전한다. 또 배려가 무엇인지를 늘 말씀으로, 행동으로 가르쳐 주신 어머니와 장모님, 그리고 작고하신 아버지께도 형언하기 어려운 감사 말씀을 올리고, 어려서부터 오빠를 오랜 시간 견뎌 준 동생들에게도 감사를 전한다. 마지막으로, 어려운 시기를 버티게 해 주신 하느님께 두 손 모아 감사 기도를 바친다.

물론 이 졸저의 모든 약점은 오롯이 필자의 몫이다.

2023년 5월
김기태

차례

제1장.

문제 제기: '배려'의 사전적 정의를 중심으로

'배려'. 우리가 비교적 어려서부터 들어와서 익숙한 단어이고 또 그만큼 그 개념을 잘 파악하고 있다고 친숙하게 생각하는 단어이다. 개념만큼 친숙하지는 않겠지만 한자로는 짝 배(配)-생각할 려(慮)로 구성이 된다. 어원적으로는 '짝을 생각해 주는 마음가짐' 정도로 볼 수 있을 것이다. 또 국립국어원의 누리집 판 <표준국어대사전>은 "도와주거나 보살펴 주려고 마음을 씀"을 나타낸다고 정의한다. 그 외에 박창균(2016: 92)은 '이리저리 마음을 씀', '관심을 가지고 생각해 줌', '염려해 줌', '마음 써 줌', '남을 위하여 여러모로 마음을 씀' 등을 사전적인 뜻으로 든다. 이러한 어원적인 뜻, 사전적인 뜻은 얼핏 우리가 잘 알고 있다고 생각하는 뜻에서 크게 벗어나지는 않아 보인다.

그러나 우리 일상에서는 배려가 그 한자의 구성이나 <표준국어대사

전>의 정의에서 제시하는 것과 같이 명쾌하고 이상적이지 않은 실상도 많이 보게 된다. 물론 배려 덕에 생기는 훈훈한 미담도 각종 대중매체와 SNS를 장식하기도 한다. 그러나 이에 못지않게 배려에 관한 이해가 서로 달라서 안타까운 오해가 생기는 경우나 불편한 갈등이 생기는 경우도 적지 않게 보이는 것도 사실이다.

물론 <표준국어대사전>은 전문가가 아닌 일반인을 위한 사전, 그것도 백과사전이나 전문 사전이 아닌 국어사전이므로, 국립국어원은 아마도 고심 끝에야 일반인을 위한(혹은 '배려'한) 정의를 등재했을 것이다. 그러나 실상인즉, '배려'는 이 정의가 나타내는 것처럼 한 줄로 나타내기는 어려운 개념이다. 머리말에서도 밝힌 것처럼 국내에만 해도 배려를 전문적으로 연구하는 학술단체인 한국배려학회가 있고, 이 단체가 산하 전문 분과위원회를 언어, 교육, 철학·윤리, 여성학, 심리(상담), 아동가족, 국제, 기타 등의 영역에 두고 있다는 사실은 배려의 복합성, 다학제성 등을 극명하게 나타낸다. 이런 점을 고려하면 <표준국어대사전>의 정의는 단순하다 못해 무모하게 단순(화)한 것일 수도 있다.

이렇게 매우 일반적이고 대중적인 접근도 전문적이고 학술적인 접근도 가능한 배려에 관해 이 책은 언어의 관점에서 지금까지 고찰한 내용을 중심으로 정리하고 향후 나아갈 바를 현재 시점에서 점검하는 책이라고 할 수 있다. 그렇다면 왜 배려에 관해 언어의 관점에서 접근하는 책이 필요한가? 3장과 4장에서 좀 더 자세히 고찰하겠으나 이 장에서는 <표준국어대사전>의 정의를 중심으로 네 가지 문제를 제기하며 왜 배려에 관한 언어적 접근이 중요한지를 소개하려 한다. 이들 문제는 각각 배려 주체 편향의 문제(1.1절), 복수나 대중 배려 주체 간의 합의의 문제(1.2절), 공간적 단차원성의 문제(1.3절), 시간적 단차원성의 문제(1.4절)이다. 이후 이와 같은 일반인을 위한 사전에 나타난 문제는 한영사전에 나타난 번역 문제로(1.5절), 그리고 번역 문제는 배려와 관련된 유의어와 관련어의 유사점과 차이점의 구분 문제로(1.6절) 자연스럽게 이어지며, 문제 제기를 중심으로 배려에 관한 언어적 접근의 중요성을 부각할 것이다.

1.1 배려 주체 편향의 문제

첫째, <표준국어대사전>의 정의는 일방적으로 "도와주거나 보살펴 주려고 마음을 쓰"는 사람, 즉 배려를 하는 사람 혹은 주체 위주로만 정의되어 있다. 그 배려를 받는 사람이나 주체는 그 정의에 전혀 포함되어 있지 않다. 그러나 배려는 일방적으로 주면 받는 물건이 아니다. 일찍이 Noddings(1984/2013 등. 5장 참조)가 배려의 상호성(reciprocity)을 강조하였다는 점을 생각하면 이러한 정의가 간과하는 바가 매우 많다.

이러한 한 사례로 <사람을 움직이는 작은 배려가 리더를 만든다>는 블로그 페이지(bizmain.tistory.com/27)에 나온 그림을 살펴보자:

〈그림 1: 다이어트 중인 누나를 배려해서 내가 다 먹었어.〉

이 그림에서 남동생('영수'라 칭하기로 한다)은 "다이어트 중인 누나('영희'라 칭하기로 한다)"를 "배려"해서 상자 안의 음식을 싹 먹어 치워 주는 호의를 베풀었다고 주장한다. 그 표면상이나 명분상의 논리는 아마 '다이어트 중인 누나가 음식을 보면 괴로울 것이라 안 보이는 게 좋겠다', '누나는 다이어트 중인데 누나가 이 음식을 먹게 되면 체중 감량에 안 좋은 영향이 있겠다' 등이었을 것이다.

그러나 정작 영희는 영수가 주장하는 것처럼 "배려"를 받은 것으로 보이지 않는다. 오히려 영희의 표정, 몸짓 등은 화가 났거나 적어도 속상해 보이지 않는가! 즉, 영수는 주장하는 것처럼 누나를 "도와주거나 보살펴 주려고 마음을 썼"을 수도 있겠으나, 적어도 영희는 그렇게 "배려" 받았다고 여기지 않거나, 영수의 '배려'가 영희가 원하는 것은 반드시 아닐 수 있었음을 뜻한다. 과연 이 경우에도 영수가 주장하는 것처럼 영수가 영희를 "배려"했다고 할 수 있을까?

영수의 주장과 별개로 영희의 표정에서 볼 수 있다시피 그러한 마음을 정작 받(게 되)는 영희가 이를 수용, 혹은 수용은 못하더라도 적어도 수긍이라도 하느냐도 고려하지 않을 수 없다. 배려가 일방적으로 한 사람이 일방적으로 선심 쓰듯이 주거나 쓰는 것이고, 상대방은 이를 무조건 받아야 한다고 하기는 어렵기 때문이다.

이는 <표준국어대사전>의 '배려'의 정의가 "도와주거나 보살펴 주려고 마음을 쓰"는 사람이나 주체, 즉 위의 그림에서는 영수 위주로만 정의 되어 있는 문제를 잘 보여준다고 할 수 있다. 그렇기에 배려의 주체와 객체 사이의 관계를 좀 더 잘 포착할 수 있는 접근법이 필요한 것이다.

1.2 복수나 대중 배려 주체 간의 합의의 문제

둘째, <표준국어대사전>의 '배려'의 정의에는 배려의 주체가 명시되어 있지 않아, 배려 주체만을 중심으로 논의하더라도 그 배려 주체가 단수가 아니라면 혼동이나 논란은 있을 수 있다. 특히 배려의 주체가 복수나 대중이라면 완벽하게 사회적 합의를 전제로 하지 않는 한, 구성원 일부가 동의하지 않는 '억지 배려'를 하게 된다거나 나아가 배려가 아닌 '강요'를 받게 된다는 논란이 있을 수 있다. 이러한 예는 대중매체에 꽤 자주 등장하는데 향후 논의를 위해 임산부 배려석과 관련된 논란과 노키즈 존(No kids zone)과 관련해 파생된 논란을 여기서 소개하고 배려 주체 중심으로 고찰해보자.

우선 임산부 배려석에 관한 논란은 2013년 12월 서울특별시에서 대중교통 일부를 처음 지정한 이후 종종 지면을 장식하고 있다.[1] 논란은 배려의 주체, 배려 행위의 방식 등 여러 가지 층위에 있고, 이러한 논란의 결과로 변화도 점차 있었지만, 여기서는 논의를 배려의 주체에만 국한해보자. 이 제도가 처음 도입되는 과정에서 어느 정도 여론 수렴이 되었는지 확실하지는 않다. 그러나 한국리서치 '여론 속의 여론' 팀이 임산부 배려석에 관해 실시한 인식 조사에서 2019년에는 응답자의 89%가, 2021년에는 90%가 '필요하다'라고 응답하였다:

---

[1] 그 기원은 2008년 서울시 버스관리과의 해피버스데이(HappyBusDay) 캠페인과 이후 2009년 9월 서울시 시내버스에 임산부 배려석 도입으로 추적한다(<"임산부 배려석 필요" 공감하지만…"항상 비워둬야" "그럴 필요 없다" 팽팽> (한국일보 2022년 1월 15일 자).

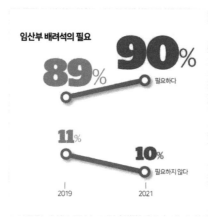

임산부 배려석의 필요

89%

90%
필요하다

11%

10%
필요하지 않다

2019   2021

〈그림 2: 임산부 배려석의 필요(한국일보 2022년 1월 15일 자 16면. 여론 속의 여론)〉

89%~90%가 임산부 배려석의 필요성에 공감한다는 것은 얼핏 보기에 많은 배려 주체가 "도와주거나 보살펴 주려고 마음을 쓰"는 데에 동의한다는 것을 나타낸다.

그러나 배려 주체 면에서 간과하면 안 될 것은 나머지 10%~11% 정도는 어떤 이유에서든지 동의하지 않는다는 점이다. 배려의 주체가 대중이다 보니 수많은 구성원 중에서 10%~11% 정도는 동의하지 않을 수 있는 것이다. 비단 임산부 배려석만이 아니라 배려의 주체가 다수이거나 대중이라면 충분히 일어날 수 있는 수치일 것이다. 이러한 구성원들은 자연스럽게 '억지 배려', '배려 강요' 등의 불만을 제기하게 된다.

이처럼 임산부 배려석을 둘러싼 배려 주체 간 이견으로 인한 논란은 아래의 <배려인가 강요인가. 임산부 배려석에 대한 고찰>이라는 온라인 기사(사이드뷰 윤진욱 기자 2021년 10월 31일 자)에서 분명하게 드러난다:

우리 사회에는 사회적 약자를 위한 많은 장치와 제도, 시설을 마련하고 있다. 그중에서도 사회적약자인 임산부를 위한 임산부 배려석이 실제 우리 사회에서 강요 혹은 배려 중 무엇이 우선시 되는지 그 의견이 분분하며 이에 대한 실제 대처도 달라지고 있다. 말 그대로 임산부를 '배려'하기 위해서 만들어진 시설이지만 임산부가 아닌 다른 일반인이 설령 임산부가 없는 상황임에도 불구하고 배려석에 앉아있다면 좋지 않은 시선을 받을 수도 있다. 때문에 임산부 배려석에 대한 마음가짐이 배려가 아닌 강요 또는 의무라는 일종의 책임감으로 받아들여지고 있기도 하다. 실제로 임산부 배려석은 이미 그 결을 같이 하고 있는 시설이 있다. 바로 대중교통의 노약자석이다.

임산부 배려석에 대한 이슈는 잊혀질 만하면 종종 뉴스로 접하게 된다. 이 문제를 두고 여성혐오까지 이어가는 경우도 있다. '임산부 배려석에 앉은 남성은 미개하다'라는 표현의 글이 SNS를 통해 올라오기도 하며 이에 대해 뜨거운 댓글 공방이 펼쳐지기도 한다. 사회적 이슈로까지 불거지는 임산부 배려석은 강요나 배려라고 명확하게 정의할 만한 기준이 모호하기에 그 대처와 처리 방법에 대해 의견이 분분하다. (중략)

이처럼 임산부 배려석을 둘러싼 논란은 배려의 주체를 두루뭉술하게 넘어간 <표준국어대사전>의 '배려'의 정의는 배려 주체가 복수이거나 대중인 경우를 효과적으로 포착하지 못함을 드러낸다.

또 배려에 관한 찬반 논란을 일으키며 대중매체에 심심치 않게 오르내리고 있는 노키즈존(No kids zone)도 "도와주거나 보살펴 주려고 마음을 써"야할 대중 주체 간에 합의가 이뤄지지 않은 두 번째 사례라고 할 수 있다(이에 관련된 다른 논의는 아래 참조). 이러한 논란을 염두에 둔

듯 저출산고령사회위원회는 2022년 5월 9일 소아정신건강의학과 전문의로 방송 등에서 유명세를 떨치고 있는 오은영 박사를 등장시켜 공공장소에서 '아이에게 괜찮다고 말해주세요!'라는 캠페인을 폈다. 그런데, 이 캠페인은 논란을 불식시키는 고사하고 노키즈존을 둘러싼 배려 주체 간의 이견을 오히려 더 극명히 드러냈다. 중앙일보(정시내 기자 2022년 5월 16일 자)는 <"왜 배려 강요하나"…오은영 '애티켓 캠페인 뜻밖의 논쟁>이라는 기사에서 아래처럼 보도한다:

> 식당에서 우는 아이와 옷에 커피를 쏟는 등 실수를 하는 아이에게 "괜찮다"고 말해주자는 캠페인에 네티즌의 의견이 엇갈리고 있다.
> 지난 9일 저출산고령사회위원회는 '아이에게 괜찮다고 말해주세요! 저출산고령사회위원회 애티켓(아이+에티켓) 캠페인'이라는 제목의 영상을 올렸다. 영상은 정신건강의학과 오은영 박사가 출연해 다양한 상황에서 아이와 부모를 배려해 달라는 취지를 담고 있다. … (중략)
> 해당 캠페인 영상에 대해 네티즌들은 갑론을박을 벌였다. 일부 네티즌들은 "상대가 괜찮다고 말하기 전에 부모가 먼저 사과하는 장면부터 넣었어야 한다", "아이들은 실수할 수 있고 부모가 사과하면 된다", "대부분은 애가 잘못했어도 부모가 노력을 보이면 이해하고 넘어간다"며 캠페인에 긍정적인 반응을 보였다. 반면 "이게 저출산과 무슨 상관이 있냐", "배려를 강요당하는 느낌이다" 등의 댓글도 있었다.

즉 네티즌들의 반응은 "애티켓," 더 확장해서 노키즈존에 반대하는 해당 캠페인의 '배려'에 모든 배려 주체가 공통된 인식을 가지고 있지 않음을 나타낸다.

이처럼 임산부 배려석이나 노키즈존을 둘러싼 논란은 배려의 주체를 명확히 밝히지 않은 <표준국어대사전>의 '배려'의 정의가 주체를 너무 단순하게 가정하고 있음을 나타낸다. 즉 개인 사이의 배려에 국한한 단수 배려 주체의 경우에는 큰 문제가 없을 수도 있지만 배려 주제가 복수이거나 대중인 경우, 특히 그 구성원 간에 합의가 없는 경우에는 그 단순화의 문제점을 노출하게 된다.

1.3 공간적 단차원성의 문제

임산부 배려석에 관한 논란과 노키즈존에 관한 논란은 <표준국어대사전>의 '배려'의 정의에서 그 주체 불특정으로 인한 아쉬움 외에도 세 번째 아쉬운 점도 드러나게 한다. 그것은 바로 담화 공간을 포착함에 있어 지나치게 단차원적이고 평면적일 수 있다는 점이다.

누가 누구를 "도와주거나 보살펴 주려고 마음을 쓰"느냐 하는 것은 미시적인 상황(situational) 차원, 즉 <그림 1>에서의 영수와 영희처럼 대면하며 상호작용하는 상황 차원이나 대중교통에서 임산부 배려석을 앞에 두고 임산부와 일반인이 서로 마주치게 되는 상황 차원에서만 관건이 되는 것이 아니다. 미시적 상황은 거시적인 기관-제도(institution), 사회(society) 등에 포함되어 있게 마련이다(Fairclough 1982). 그리고 더욱 확대하면 문명 등에까지도 포함되어 있다고 할 수 있다(3장~5장의 배려의 광의 논의 참조). 그렇다면 배려를 고려함에 있어서는 수직적으로는 이러한 다른 차원을 넘나드는 입체적 접근이 필요할 수 있고(예를 들어, 국가에 의한 개인 배려), 또 수평적으로는 같은 차원 내의 다른 기관들 사이, 다른 사회들 사이, 다른 문명들 사이 등을 넘나드는 접근이 필요할 수도 있다. 그러나 이들 차원에서의 배려 주체에는 "마음을 쓴다"는 표현이 적합하지 않은 문제가 발생한다.

예를 들어, 키즈존은 배려 주체와 배려 수혜자의 관계가 부모, 아이들, 업체(법인이나 업주 등), 성인 고객 등 여러 층위에 걸쳐 있다. 노키즈존을 설치한 업체는 시끄러운 아이들로부터 여유로운 휴식을 취하고자 하는 어른 고객을 배려한다고 주장할 수 있을 것이고, 아이들을 훈육하지 않는 부모가 해당 업체나 다른 고객을 배려하지 않는다고 불평할 것이다. 반면 노키즈존을 반대하는 부모는 누구나 거쳐 가는 유아기, 아동기의 아이들을 업체 그리고 다른 고객들이 배려해야 한다고 주장하며, 노키즈존은 아이들과 육아로 고된 부모들을 배려하지 않는 업체와 어른 고객의 합작품이라며 볼멘소리를 할 것이다. 한편 노키즈존을 이용하는 어른 고객은 아이들을 적절히 훈육을 하지 않는 부모들이 다른 고객들이나 업체를 배려하지 않는다고 불만을 토로하며 노키즈존을 설치한 업체의 배려에 감사하며 노키즈존을 선택한 자신을 당당하게 여길 것이다.

이처럼 상황 차원을 넘어 업체라는 기관 차원의 배려, 노키즈존이나 임산부 배려석과 같은 제도 차원의 배려, 나아가 저출산고령사회위원회 에티켓 캠페인이 주장하고자 했던 사회 차원의 배려 등에는 <표준국어대사전>의 "도와주거나 보살펴 주려고 마음을 씀"이라는 정의가 잘 맞지 않는다. 이는 "마음을 씀"이라는 정의가 자연인이 참여한 상황적 차원을 위주로 하고 있어서, 법인 등이 참여할 수 있는 기관적, 제도적, 사회적 차원 등을 적절히 포착하지 못하기 때문으로 보인다.

1.4 시간적 단차원성의 문제

이러한 '배려'에 관한 <표준국어대사전> 정의 문제가 공간적으로 지나치게 단차원적이라는 아쉬움은 관련된 네 번째 문제도 함께 수면 뒤로 떠오르게 한다. 즉, "도와주거나 보살펴 주려고 마음을 씀"은 공간적으로 단차원적일 뿐만 아니라 시간적으로도 단차원적일 수 있다는 점이다. 즉, 마음을 한 번만 쓰면 되는지, 여러 번 써야 하는지, 안 쓰다가 쓸 수도 있는지, 쓰다가 안 쓸 수도 있는지 등이 분명하지 않다. 그래서 어찌 보면 순간적이며 일회적으로 "마음을 씀"만으로 보이기도 한다.

예를 들어 다시 <그림 1>의 상황을 고려해 보자. 동생인 영수는 진심으로 누나인 영희를 배려해서 음식을 먹어 치우고 냄새와 흔적도 없애 버리려다가 그림에서처럼 누나에게 딱 걸렸을 수도 있다. 그러나 먹어 치운 음식이 누나의 다이어트식임을 곧 깨닫고 '냉장고 속의 그 많고 많은 것 중에서 배려 없이 굳이 그걸 먹었나?'라는 미안함을 느낄 수도 있다. 반면 영희는 (다이어트식이든 아니든) 처음에는 (그림에서처럼) 본인이 먹으려던 음식을 먹어버린 영수가 배려 없다고 느꼈다가 영수 나름의 "마음을 씀"을 듣고 아쉬워도 그 배려심에는 감사하다고 느낄 수도 있다.

또 같은 맥락의 다른 예로 위의 저출산고령사회위원회 애티켓 캠페인 관련 기사 내 일부 네티즌의 반응을 들 수도 있다. "아이들은 실수할 수 있고 부모가 사과하면 된다", "대부분은 애가 잘못했어도 부모가 노력을 보이면 이해하고 넘어간다"와 같은 반응들은 배려가 시간적으로 한 번 "마음을 씀"이나 "안 씀"으로 고정불변 하는 것이 아닐 수 있음을 나타낸다. 즉, 처음엔 결례를 범하는 아이들과 부모가 배려 없다고 느끼겠으나 부모가 사과하거나 노력하는 배려를 보이면 본인들도 "이해"하는, 즉 상호 배려를 할 수 있다는 시간의 흐름에 따르는 가변성을 나타낸다.

이러한 예들은 배려의 "마음을 씀"이 순간에 끝나는 것이 아니고 오히려 '살아온 이야기(lived narratives)' 속에서 통시적으로(diachronically) 파악해야 한다는 점을 나타낸다(Davies & Harré 1990/1999; 3장의 3.3.4 참조). 즉, 배려는 기본적으로는 비교적 가까운 미래를 고려하나, 먼 미래를 고려할 수도 있고, 또 반대로 현재는 배려처럼 보이지 않으나 시간이 흐른 후에 배려임을 깨달을 수도 있다. 그러나 <표준국어대사전>의 정의는 이러한 통시성, 시간적 다차원성에 관해 불분명하다.

이처럼 '배려'의 <표준국어대사전>에서의 정의는 배려 주체 편향의 문제, 복수나 대중 배려 주체 간의 합의의 문제, 공간적 단차원성의 문제, 시간적 단차원성의 문제라는 적어도 네 가지의 언어적 문제를 갖는다. 이러한 문제들은 배려에 관한 학술적인 고찰은 물론이고 일반적인 논의에 있어서도 그 언어적 문제를 면밀히 살피지 않고서는 배려에 관해 많은 것을 간과할 수 있음을 나타낸다. 그러나 기존 배려 연구는 아무래도 철학-윤리적, 교육적, 심리적 측면에 집중하고 있어(2장과 5장 참조), 배려가 어떻게 언어적으로, 혹은 비언어적으로 구현되며 소통에 어떤 난점이 있는지 등에 관해서 설명하기보다 규범론적(prescriptive)이고 당위론적으로 접근하는 경향이 있다. 이에 이 책은 배려 연구에 있어 언어 연구가 선결 대상임을 강조하는 것이다.

배려를 둘러싼 언어 문제들은 언어의 경계를 넘어 외국어 사전으로 넘어가면, 어느 정도 예측할 수 있듯이 더욱 복잡해진다. 여기에 워낙 다학제적인 배려학의 성격과 역사로 인해 '배려'라는 용어는 각 분야에서 다른 용어로 번역되기도 하였다. 이에 '배려'라는 용어와 관련된 번역과 분야별 용어 문제를 간략하게 짚어 보자.

1.5 배려 관련 번역의 문제

배려의 번역과 관련된 문제는 우리말 '배려'를 영어로 무엇이라 번역하느냐의 문제와 반대로 영어로 'care' 그리고 그 활용형인 'caring'을 우리말로 무엇으로 번역하느냐의 문제로 볼 수 있다. 우선 사전적인 번역으로 영어사전(영한, 한영, 영영사전)과 일본어사전(영일, 일영사전)의 번역을 검토한 송민영(2009: 19-20)이 언급한 부분에서 영어 번역 부분만 살펴보자. 그에 따르면, 영한사전은 '배려'를 'care, concern, consideration'이라 번역한다. 이들 중에서 'care' 그리고 그 활용형인 'caring'이 추후 5장에서 상세히 소개할 Noddings(1984/2013, 1992, 등)가 사용하는 용어이고, 현재 배려 관련 학회에서 널리 쓰이는 용어이다. 이에 송민영도 주목해서 한영사전에서의 번역은 'care'만 검토하고, '걱정, 근심, 불안, 걱정거리/ 주의, 조심, 배려/ 돌봄, 보살핌, 보호: 관리, 감독/ 보관, (일시적으로) 맡아 주는 일/ 관심사, 책임, 볼일'이라 정의한다.[2] 이는 'consideration' 등도 Noddings(1984/2013: 4)가 설명 과정에서 언급은 하나, 'care'만이 그녀가 각종 저술과 논문에서 일관된 용어로 사용하는 용어이기 때문으로 보인다.[3]

같은 맥락에서 고미숙(2004: 37-38), 구본관(2017: 11), 박창균(2016:

---

2 그는 언급한 사전들의 출처를 밝히지는 않았다.
3 '고려(하다)'와 'consider/consideration'에 관해서는 아래 1.6절의 논의 참조.

92) 등도 '배려'라는 용어가 'care/caring'의 번역어임을 밝히며, 그 번역어로 철학계와 윤리학계에서는 '보살핌'이라는 용어를, 교육학계에서는 전통적으로는 '보살핌', 최근에는 '배려'라는 용어를, 간호학계에서는 '돌봄'이라는 용어를 사용하는 경향이 있다고 주장한다.[4] 특히 고미숙은 이들 중에서 '배려'를 옹호하며, '배려'가 다른 번역어에 비해 갖는 장점을 아래와 같이 상술한다(작은따옴표는 본 필자 추가):

> (전략) 필자가 보기에 '배려'라는 용어의 사용은 다른 용어와 비교할 때 대체로, 배려하는 자와 배려를 받는 자를 동등한 입장에서 고려하는 것 같다. 내가 비록 다른 사람으로부터 배려를 받고 있지만 이것은 관심의 표현이지 자기 자신이 그 사람보다 약한 존재이거나 종속적인 존재라는 것을 의미하지 않는다. 하지만 '보살핌'은 보다 나은 위치를 점유한 자가 보살핌의 대상을 보살피는 것과 같은 인상을 준다. 그리하여 '보살핌'이라는 용어는 보살피는 자와 보살핌을 받는 자 사이에 평등의 관계를 상정하기보다는 어머니가 아이를 보살피거나 자신보다 어렵고 힘겨운 사람을 돌보아준다는 의미가 더 강조된다. '돌봄'은 '보살핌'과 거의 같은 의미로 사용되고 있지만 '보살핌'에 비해서 '돌봄'은 돌보는 자와 돌봄을 받는 자 사이에 수직적인 상하 관계가 더 큰 것 같다. 그리하여 환자, 유아, 식물과 같이 돌봄을 받는 자는 돌보는 자에게 절대적으로 의존하게 된다. 이와 같이 각각의 용어는 유사한 듯하면서도 뉘앙스에서 약간의 차이가 있다. 본 논문에서 'caring'을 '배려'로 사용하는

---

4 단, 각 학계별 번역 용어 사용을 일반화하는 데에는 학자들마다 조금 차이가 있다. 고미숙(2004)과 구본관(2017)은 번역어 선택에 있어 본문에서 밝힌 바와 같이 개별 학계의 전통을 기술한다. 이에 비해 박창균(2016: 92)은 "일부 연구자들"이 "'돌봄(관심을 가지고 보살핌)'이나 '보살핌(정성을 기울여 보호하며 돕는 일)'이라는 개념으로 사용하고 있다"라고 주장한다.

이유는 'caring'이 어머니와 자녀 사이의 관계에서 출발하였다는 점에서 '보살핌'이나 '돌봄'이라는 용어가 보다 적합할 수 있겠지만, 'caring'의 윤리가 가족관계에서와 같이 자연적인 'caring'의 관계만을 대상으로 할 것이 아니라, 동료 혹은 이방인에게까지 확대하기 위해서는 수직적인 관계의 의미가 짙은 '보살핌'이나 '돌봄'이라는 용어보다 '배려'라는 용어가 더 적합하다고 생각하기 때문이다. 하지만 '보살핌'이나 '돌봄'의 의미에서 'caring'의 의미가 파생되었다고 보기 때문에, 상황에 따라서 '보살핌'이나 '돌봄'이라는 용어도 사용하게 될 것이다.

이러한 용어 번역과 선택에 관한 그의 고민과 논의는 위 1.1절에서 1.4절까지 소개한 사전적 의미가 갖는 언어의 문제가 단지 일반적인 의미를 논할 때만 해당되는 것이 아니라, 다학제적인 배려학의 각 전문 분야를 논함에 있어서도 고민하는 대상임을 나타낸다. 이는 적어도 두 가지 점에서 시사점을 던진다.

첫째, '배려'라는 용어가 '돌봄'이나 '보살핌'에 비해 "배려하는 자와 배려를 받는 자를 동등한 입장에서 고려"하는 것으로 보인다는 고미숙(2004)의 관찰은 1.1절에서 지적한 사전적 정의의 배려 주체 편향의 여부가 학술적 용어 선택에서도 중요한 준거로 작용할 수 있음을 나타낸다. 그의 논의 자체가 배려 주체 편향성을 극복하려는 시도, 혹은 적어도 최소화하려는 시도이기 때문이다.[5] 나아가, 그의 관찰과 1.1절을 연계시키면 '배려'라는 용어는 학술 용어로서는 '돌봄'이나 '보살핌'에 비해 주체 편향이 덜 하기는 하지만, 적어도 일반적이고 사전적 정의는 여전히

---

5 후에 그는 고미숙(2015)에서 이 문제를 집중적으로 다룬다. 본서에서는 이후 3, 4, 5장에서 점차로 논의한다.

주체 편향성을 갖는다는 점도 나타낸다.

둘째, '배려'라는 용어를 "가족관계에서와 같이 자연적인" 관계를 넘어 동료, 이방인, 나아가 식물 등에까지 "확대"하는 데에도 더 적합하다는 고미숙(2004)의 관찰은 1.3절에서 지적한 사전적 정의의 공간적 단차원성의 극복 정도도 학술적 용어 선택에서 중요한 기준의 하나로 작용한다는 점을 나타낸다. 그가 명시적으로 논의하지는 않지만, 이방인이나 식물 등을 배려하는 상황은 미시적인 상황 차원의 배려를 넘어 거시적인 기관-제도, 사회, 문명 등의 차원의 배려로의 확대가능성을 열어 놓기 때문이다.[6]

이 책에서는 이와 같은 고미숙(2004), 송민영(2009), 박창균(2016), 구본관(2017) 등의 용어 번역에 관한 논의와 시각, 그리고 학계의 일반적 동향을 반영하여 '배려'라는 용어를 'care/caring'으로 번역하기로 한다. 또 역으로 'care/caring'의 우리말 번역은 '배려'로 통일한다. 그러나 그렇다고 해서 이들 용어와 다른 용어들의 유사점과 차이점이 면밀하게 파악되었다거나 치열하게 논의되었다는 뜻은 아니다. 1.6절은 이러한 문제들을 제기하고 그 해결 가능성을 검토해 본다.

1.6 '배려'류 어휘의 유의성의 문제

배려에 관한 문제 제기를 마치기에 앞서, 용어 문제와 관련해서 언급하고 지나갈 마지막 사항이 있다. 바로 유사어, 그리고 다른 관련어들과

---

6 그러나 1.6절에서 논의하는 바와 같이 '배려'라는 용어가 과연 이런 확대된 관계나 차원에도 적합한지 더 검토와 논의가 필요한 것도 사실이다.

의 유사점과 차이점의 문제이다. 학술적 차원에서든 일반적 차원에서든, 또 우리말에서든 외국어에서든 한 용어를 사용할 때 과연 그 용어가 다른 유사어, 나아가 관련어들과는 어떤 점들은 공유하고 어떤 점들은 구별되는지를 면밀하게 살필 필요가 있다. 그런 작업이 없다면 한 용어를 다른 용어로 바꿔 말하기(paraphrase)에 불과할 수도 있기 때문이다. 단, 이 사항은 본서의 핵심과는 거리가 있는 것도 사실이다. 따라서 이 절에서는 문제를 제기하고 일부 가능성을 타진하는 정도에 만족하고 향후 심층 후속 연구를 기약하기로 한다.

앞서 1.5절은 '돌봄', '보살핌' 등을 'care/caring'의 또 다른 번역어로 소개하고, 고미숙(2004) 등의 일부 논의를 소개하기는 했다. 그러나 아쉽게도 우리말 '배려' 관련이나 영어 'care/caring'에 관련어의 공유점과 차이점에 관해서 부분적 고찰을 넘어서는 심층적이고 면밀한 논의를 찾기 힘들어 보인다. '관심', '염려', '존중', '공손', '체면', '공감', '자비' 등 매우 많은 용어가 각종 논저에서 관련된 것으로 언급되기는 하나 이들을 심층적으로 검토하는 것은 이 절의 범위, 나아가 이 책의 범위를 넘어선다. 이에 이 절은 우선 학제적으로도 통용되는 '배려', '보살핌', '돌봄' 등의 어휘 관계(lexical relations)를, 이어 일반적으로 통용되기도 하는 '배려(하다)'와 '고려(하다)'의 어휘 관계를 살펴 보고 이를 확장함으로써 문제와 그 해결 가능성을 제기해 보려 한다.[7] 논의에는 국립국어원의 준개방형, 혹은 사용자 참여형 사전 혹은 블로그라 할 수 있는 <우리말샘> 누리집을 활용하도록 한다.

---

7 이하에서의 어휘 관계의 논의는 Meyer(2009)를 바탕으로 하나 그 외의 언어학, 국어학, 영어학 개론서에도 쉽게 찾아볼 수 있는 내용일 것이다.

1.6.1 '배려'의 유의어의 문제

우선, '배려'의 유의어를 논함에 있어 국립국어원의 <표준국어대사전>과 <우리말샘>에 등재된 '배려'의 유의어는 '배의(配意)'가 유일하다는 점을 명확히 하고 검토를 시작하도록 하자. 그 외로 명시적으로 관계가 있는 어휘는 '도움' 정도의 수준으로, <그림 3>이 나타내듯이 <우리말샘>의 어휘 지도가 '도움'을 '배려'의 상위어(hypernym)로 드는 정도의 수준이다. 즉, 적어도 현재 '배려'의 <우리말샘> 어휘 지도에 따르면, '배려'는 '보살핌', '돌봄' 등과 명시적으로 유의어 관계나 그 외 특별한 어휘 관계를 형성하고 있지 않다:

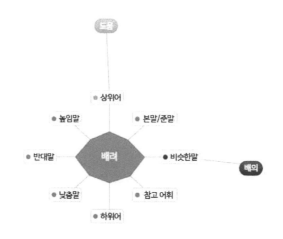

〈그림 3: 〈우리말샘〉 어휘 지도에 나타난 '배려'의 어휘 관계〉

이번에는 '보살피다'와 '돌보다'를 표제어로 그 어휘 관계를 살펴보자. <그림 4>의 <우리말샘> 어휘 지도에 따르면, 이 두 어휘도 서로 유의어는 아니다. 그러나 이 둘은 서로 '참고 어휘'로 연결은 되어 있다.[8] 아쉽게도 <우리말샘> 누리집은 '참고 어휘'가 무엇인지 명확한 정의를 제공하고 있지는 않다. 그러나 이 두 어휘는 유의어는 아니더라도 최소한 아무런 명시적 관계가 없는 것은 아니라고는 할 수 있다.

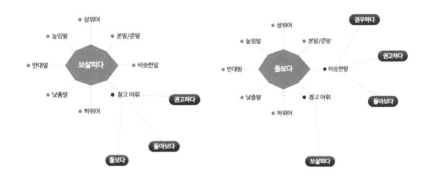

〈그림 4: 〈우리말샘〉 어휘 지도에 나타난 '보살피다'와 '돌보다'의 어휘 관계〉

이를 종합하면, 현재 <우리말샘> 어휘 지도에 따르면, '보살핌'과 '돌봄'은 어휘적 상관성이 있기는 하나, 이 두 어휘와 '배려'는 유의어가 아닐 뿐만 아니라, 그 밖의 면에서도 명시적인 관계를 찾기는 어렵다. 그렇다면 이 세 용어를 번역상, 학제상, 혹은 편의상의 이유로 '배려'로 통합하기 전에 그 유사점과 차이점도 좀 더 면밀한 언어적 분석이 선행되었어야 하는 것은 아니었는지에 관한 아쉬움이 짙게 남게 된다.

이러한 '배려'류 어휘의 어휘 관계에 관한 본격적인 연구는 이 책의

---

8 <우리말샘> 누리집은 어휘 지도에서 "의미적으로 관계가 있는 어휘를 한눈에 볼 수 있습니다"라고만 안내하는데, 여기에 '참고 어휘'를 그저 제시할 뿐이다. 다른 관계어들은 그 의미가 비교적 분명하거나 익숙해서 크게 의문이 생기지는 않는다. 그러나 '참고 어휘'가 무엇인지는 의문을 자아낸다.

범위를 넘어서므로 후속 연구로 남겨 둘 것이다. 그러나 현재 <우리말샘> 어휘 지도가 완벽하지는 않아 보이지는 않는다는 점을 중심으로 향후의 연구 가능성을 살펴보자. 현재 <우리말샘> 어휘 지도는 '보살피다(001)'의 의미를 "정성을 기울여 보호하며 **돕다**(필자 밑줄)"라고 정의하고 있는데, 그 상위어 자리는 위의 <그림 4>에서처럼 비어있다. 그렇다면 왜 '보살피다(001)'의 상위어로 '배려'의 상위어와 같은 '도움'이 들어가지 않았는지 의문이 생기게 된다. 만약 '보살피다(001)'와 '돌보다'의 상위어 자리도 '배려'와 같이 '도움'이 채운다면, 최소한 이 세 어휘가 공유하는 [+도움(을 줌)]과 같은 의미 자질(semantic feature)을 설정해 어휘 성분분석(lexical decomposition)을 시도할 수도 있을 것이다.9 이후, 그 차이점을 각각 추가 자질로 고려해 볼 수도 있을 것이다. 물론 이러한 작업은 이러한 세 어휘에만 국한되지는 않는다. 이 책에서 언급하는 많은 어휘, 특히 3~5장에서 언급하는 어휘들에 관해서도 이러한 방법으로 어휘 관계를 파악하고 그 공유점과 차이점을 면밀하게 점검하는 작업이 필요하다. 그러나 이 절은 문제를 제기하고 그 해결 방법을 제시하는 정도에 만족하고, 이 세 학술 용어 외에도 관련되어 일상적으로 많이 쓰이는 '고려(하다)'도 고찰해 보기로 한다.

1.6.2 '배려'와 '고려'의 문제

'배려', '보살핌', '돌봄' 등처럼 선행 연구나 학제 분야에서 학술 용어

---

9 어휘 성분분석에 관한 소개도 Meyer(2009) 등, 어휘 성분분석을 영어교육에 활용하는 것에 관한 논의는 Larsen-Freeman & Celce-Murcia(2016), Gairns & Redman(1986) 등을 참조할 수 있다.

로 사용되지는 않았으나, 일상적으로나 (학술 용어는 아니더라도) 학술 논의에서 '배려(하다)'의 자리에 '고려(考慮)(하다)'나 '생각(하다)' 등을 쓰는 경우도 비교적 흔하다. 물론, <그림 5>가 나타내는 바와 같이 사전적으로는 '고려'와 '배려'가 서로의 유의어라고 하기는 어렵다. 그리고 모든 문맥에서 대체를 불가능하게 하는 의미 차이는 분명히 있다. 그럼에도 불구하고 문맥에 따라서 유의어처럼 사용되기도 한다:

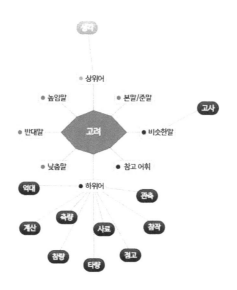

〈그림 5: 〈우리말샘〉 어휘 지도에 나타난 '고려'의 어휘 관계〉

이를 논하기 위해 우선 흔히 '고려(하다)'로 번역되는 'consider/consideration'부터 살펴보자. '고려'와 '배려'의 일반적 영어 번역어인 'care/caring'과 'consider/consideration'은 비학술적으로는 통용되기도 한다. 앞에서도 언급한 것처럼 Noddings(1984/2013: 4)도 'consider/consideration'을 'care' 개념의 비학술 용어의 하나로 언급한다. 또 박창균 (2016: 92)도 "'caring'은 외현적인 행위론적 측면이 부각된다면, 사고력이나 의사소통론적 차원의 논의에서 배려의 의미는 'consider/consideration'이 더 적절해 보인다"라고 밝히고 있다. 즉, 일반적으로 'consider/consideration'을 '고려'로 번역한다는 점에서 두 경우 모두 '고려'와 '배려'의 관련성을 지적한 것으로 보인다.

　그렇다면 '배려'와 '고려'의 이러한 관련성을 유의성이라고까지 할 수 있는가? 이런 부분이 바로 본서가 면밀한 언어적, 나아가 언어학적 검토가 필요하다고 주장하는 부분이다. 앞서 밝혔듯이 사전적으로는 '배려'도 '고려'도 서로를 유의어로 제시하지 않으므로 서로 유의어가 아니다. 그러나 1.1절에서 소개한 <그림 1>의 예에 '고려'와 그 상위어인 '생각'을 대입했을 때 (그 판단에 차이가 있을 수 있겠으나) 아래처럼 대체 가능해 보인다:

　　〈예문 1.1〉
　　다이어트 중인 누나를 배려해서 내가 다 먹었어.
　　다이어트 중인 누나를 고려해서 내가 다 먹었어.
　　다이어트 중인 누나를 생각해서 내가 다 먹었어.

이러한 대체 가능성은 이들이 적어도 근사 유의어(near synonyms. 혹은 유사 유의어)로서의 가능성이 있음을 나타낸다.

　만약 이 두 어휘가 근사 유의어라면 그 공통점과 차이점은 어떻게 포착할 수 있을까? 이는 1.6.1에서도 고려했던 의미 자질 설정을 통한 어휘 성분분석의 방법으로 가능해 보인다. 이를 위해서는 <그림 5>가 제시한 <우리말샘> 어휘 지도에서 '고려'의 상위어가 '생각'인데 반해, 위의 <그림 3>에서의 '배려'의 상위어는 '도움'이라는 점에 주목해 보자. 이에 따르면 이미 밝혔듯이 '고려'와 '배려' 사이에는 얼핏 별다른 어휘 관계가 없다고 볼 수도 있다. 그러나 다른 시각에서 보면, 1.6.1에서도 고찰한 바와 같이 '배려'에는 [+도움(을 줌)]과 같은 의미 자질이 있지만, '고려'에는 그러한 의미 자질이 적용되지 않는 것으로 볼 수 있다.[10] 즉, <표준국어대사전>의 정의에서 '배려'가 '고려'와 구분되게 하는 것은 전자의 "도와주거나 보살펴 주려고"라는 부분이며, '고려'는 "생각하고 헤아려 보"기는 하지만 반드시 [+도움(을 줌)]을 전제하지도, 함의하지도 않는다고 볼 수 있다. <그림 1>에서 영수가 영희를 약 올리며 농담하는 예문을 '고려'와 '생각'으로 대체해 본 <예문 1.1>은 특히 이런 이유로 인해서 더더욱 자연스럽게 대체가 되는 느낌을 주는 것으로 보인다. 즉, <그림 1>에서 영수가 생각하고 헤아려 보기만 하고 도움을 주지는 않았기에, 혹은 생각하고 헤아려 보기는 했지만 영희가 원하지 않는 도움을 주었기에 <예문 1.1>의 세 용어가 서로 호환되는 것으로 보이는 것이다.

이처럼 1.6절은 1.6.1과 1.6.2에서 '배려'와 다른 학술 용어인 '보살핌', '돌봄' 등의 어휘 관계를 고찰해 보고, 또 비학술 용어인 '고려'와의 어휘 관계를 살펴 보고, 이를 바탕으로 관련어들 사이의 공통점과 차이점을 밝힐 수 있는 한 가지 방법으로 어휘 성분분석의 가능성을 검토해 보았다. 그 목적은 완성된 분석 결과를 제시하기 위함이 아니고 문제를

---

10 해당 자질에 대해서는 더욱 고찰이 필요하겠지만, 부정적인 의미의 [-도움(을 줌)]과는 구분할 필요가 있어 보인다. 배려심이 없다거나 이기적인 경우 등과는 구분할 필요가 있기 때문이다.

제기하고 향후 해결 방안을 검토해 보기 위함이었다.

　여기서 강조한 바는 '배려'와 여러 유사어와 관련어들이 사용되고 있으나, 이들의 유사점과 차이점은 그다지 언어학적으로 엄밀하게 검토되지 않은 것으로 보인다는 점이었다. 문제는 '배려'의 유사어와 관련어가 '보살핌', '돌봄', '고려'에만 머물지 않는다는 점이다. 본서의 뒷장에서도 등장하겠지만, '배려' 관련 각종 논저에는 '관심', '염려', '존중', '공손', '체면', '공감', '자비' 등 매우 많은 용어가 '배려'와 정도의 차이는 있지만 분야에 따라 논의에 따라 때로는 유의어처럼, 때로는 상위어처럼, 때로는 하위어처럼 사용되는 경우들이 적지 않다. 그러나 이들 용어의 공통점과 차이점에 관한 면밀한 고찰이 없는 논의는 이 절의 모두에서도 지적한 바처럼 한 용어를 다른 용어로 바꿔 말하기에 불과한 오류를 낳을 수도 있고, 또 같은 개념인데 용어가 달라서 다르다고 착각하도록 할 수도 있다. 물론 '배려'와 관련된 용어들은 추상적인 어휘들이고 이에 따라서 어휘 성분분석이나 어휘 관계 파악 등이 쉽지 않을 수도 있다. 또 다학제적인 분야에서 진행된 배려 연구들이 모두 애매하게 유사한 용어를 바탕으로 진행되었다는 뜻도 아니다. 그러나 다학제적인 분야 사이의 연구에서 언어를 중심으로 한 배려 연구가 적어도 배려학의 일부로서 다른 분야들을 위해서라도 선결했어야 할 많은 문제가 아직 많이 남아 있다는 점은 부인하기 어려운 것으로 보인다. 이런 점에서 '배려'에 관한 언어를 중심으로 한 접근이 필요하고 오히려 좀 순서가 뒤바뀐 측면도 많다.

1.7 제1장을 맺으며

이 장은 <표준국어대사전>에서의 '배려'의 정의를 중심으로 문제를 제기하고 배려와 관련된 번역의 문제와 관련 어휘의 유의성 문제를 검토함으로써 배려를 일반적으로나 학술적으로 고찰하는 데에 있어 그 언어 문제를 우선적으로, 또 면밀히 고찰할 필요가 있음을 강조하였다. 그리고 어휘 관계와 어휘 성분분석을 통해 언어학적 해결 가능성도 제시하였다.

1.4절을 마무리하면서도 언급하였듯이, 또 이후 4장과 5장이 상술하듯이, 기존 배려 연구는 아무래도 철학-윤리적, 교육적인 면을 강조하여 배려를 규범론적이고 당위론적으로 접근하는 경향이 있다. 그러나 이 장에서 보았듯이 학제상으로 배려를 다루는 분야들에서 쓰이는 용어들조차도 꼼꼼한 언어학적 논의를 통해서 선택되었다고 보기 힘들다. 이에 본서는 배려 연구에 있어 언어 연구가 선결 대상임을 강조하는 것이다. 이는 반드시 배려를 연구하는 데에 언어가 가장 중요하다는 뜻은 아니다. 그보다는 배려에 관한 논의도 언어로 이루어진다는 점에서 언어를 중심으로 한 연구가 우선순위에 있었어야 함에도 지금까지는 그렇지 못했던 것으로 보인다는 관찰이라고 보아야 할 것이다.

이 장을 마치며 "언어를 중심으로"라는 말 자체가 가져다 줄 수 있는 혼동도 있음도 인정하지 않을 수 없다. 이에 이 표현이 가져다 주는 잠재적 혼동을 최소화하기 위해서, 세 가지의 언어적인 면을 명확히 하고 다음 장으로 옮겨 가고자 한다.

첫째, 이때의 '언어'는 이 장에서 검토한 것처럼 물론 어휘 단계만 뜻하지는 않는다. 논의의 편의를 위해서 어휘 단계에서 문제를 제기하고 해결 방법을 모색해본 것이지 배려 연구가 어휘 단계에 머물러왔다거나 머물러야 한다는 뜻은 아니다.

둘째, 이때의 '언어'는 실체가 있는 발화(utterance)만을 뜻하지는 않고 발화-행위를 포함하며 나아가 그 화행(speech act)을 구현하기 전의 여러 조건이나 수반 효과(perlocutionary effect) 등, 그리고 3장에서 소개할 여러 차원의 목소리(voices)들과 그 흔적들도 포함하는 넓은 개념을 뜻한다. 따라서 음성적이거나 텍스트적 실체가 있는 '언어'로 좁게 이해해서는 안 될 것이다.

셋째, 추상적 개념으로서의 '배려'와 구체적으로 이를 반영하는 발화-행위-(사고)로서의 '배려'는 같지 않고, 이 두 가지를 구분하는 것은 매우 중요하다.11 이러한 혼동을 줄이기 위해 영어에서는 흔히 대문자와 소문자를 써서 구분하곤 한다. 예를 들어 'Discourse'와 'discourse', 'Power'와 'power', 'Politics'와 'politics'와 같은 방식을 취한다.12 그러나 우리말에서는 이를 구분할 방법이 마땅치 않고 또 그 구분이 쉽지 않은 경우도 비일비재하다. 그래서 본서의 초고에서는 추상적인 개념은 '배려'로 구체적인 발화-행위-(사고)는 그냥 배려로 표기했었다. 그러나 시각적인 피로를 더한다는 의견, 여러 저자 사이에도 일관성이 그다지 없다는 의견 등이 있었다. 이러한 의견을 반영해서, 2장부터는 그 구분에 많이 집착하지 않는다는 것을 1장을 마치며 밝힌다. 그래서 '배려'라 표현하지 않는 많은 경우도 추상적인 개념을 가리킬 것이다. 또 '배려'라 표현한 몇몇 경우에도 그것이 음성 형식이거나 내용인 점을 강조하

11 언어 형식으로서의 '배려'도 구분할 필요가 있으나, 이 장에서 이미 본 바와 같이 이는 '배려'로 표기하였다.

12 이러한 예는 Pennycook(2001) 등에서 많이 볼 수 있다.

기도 할 것이다. 그러나 이 둘 사이의 차이를 늘 염두에 둘 필요가 있을 것이다.

　이러한 주의 사항을 바탕으로 본서는 3장과 4장에서 배려를 언어 중심으로 접근해 보고, 5장은 언어를 중심에 놓지 않은 연구를 언어 중심 연구의 관점에서 고찰해 볼 것이다. 이에 앞서 2장은 왜 이 시점에서 배려 연구, 특히 언어를 중심으로 한 연구가 중요한지를 인성교육과 연계하여 고찰해 보도록 하겠다.

제2장.

배려 논의의 시의성: 인성교육의 언어를 중심으로

1장은 사전, 구체적으로 <표준국어대사전>에 나타난 '배려'의 정의가 지나치게 단순함을 배려의 언어적 측면에서만도 적어도 네 가지 측면에서 지적하고 '배려'의 번역과 유의어에 관한 고찰이 부족하다는 점에서 문제를 제기하며, 배려 연구의 우선순위에 언어를 놓고 좀 더 정교하게 검토할 필요가 있다는 점을 강조하였다.

1장에서도 밝힌 것처럼 배려는 다학제적인 분야이다. 그렇다면 왜 지금 이 시점에서 다학제적 연구에 있어 언어를 중심으로 하는 이 책이 필요한가? 그 이유 중의 하나로 인성교육의 하나로서의 배려교육이 갖는 시의성, 그리고 그 인성교육 안에서 언어가 갖는 중요성을 들 수 있다. 이를 좀 더 소개하기 위해서, 이 장은 우선 인성교육진흥법 제정 전후를 중심으로 제도화된 인성교육을 짧게라도 소개해 보려고 한다.

그러나 앞에서도 이미 밝혔듯이, 이 책은 배려에 관한 개괄하는 책도 아니고, 인성교육에 관한 책은 더더구나 아니다. 따라서 이 장의 주요 목적은 현재의 시점에서 배려 논의에 있어 지금까지보다 더 언어 논의가 필요하다는 것을 강조하는 다음 장들을 위한 정지 작업이 될 것이다.

이를 위해서 우선 2.1절은 인성교육진흥법 이전의 배려교육을 향한 관심을 교육과정을 중심으로 짧게 소개한다. 2.2절은 인성교육진흥법 제정 과정과 배려가 어떤 형태로 반영이 되었는지를 안내한다. 2.3절은 인성교육진흥법에서의 배려를 논함에 있어 언어가 어떤 위치를 점하는지를 간략하게 고찰하여 3장으로 연결될 수 있도록 한다. 2.4절은 다시 교과과정으로 잠시 돌아가 배려교육을 포함하는 인성교육과 개별 교과교육의 관계를 고찰한다. 이는 4장에서 국어 교과교육 논의를 진행하기 위한 정지 작업이 될 것이다. 또 4장과 5장과의 연결 고리도 형성할 것이다.

2.1 인성교육진흥법 이전

아래에서 좀 더 구체적으로 소개할 인성교육진흥법은 2015년 7월 21일부터 시행되었다. 그렇다고 해서 이 법 시행 이전에는 배려에 관해 교육계가 관심이 없었던 것은 아니었다. 근대식 교육 실행 이전은 논외로 하더라도, 인성교육진흥법 실행 이전인 <2009년 개정 교육과정>이나 <2015년 개정 교육과정>에도 배려에 관한 관심과 논의를 이미 명시적으로 반영하고 있었다.[13]

우선 <2009년 개정 교육과정>은 "배려와 나눔을 실천하는 인성교육

추구"라는 개정 방향을 설정하고, 그 네 가지 "추구하는 인간상" 중의 하나로 "세계와 소통하는 시민으로서 배려와 나눔의 정신으로 공동체 발전에 참여하는 사람"을 명시하였다. 이를 이은 <2015년 개정 교육과정> 도 네 가지 "추구하는 인간상" 중의 하나로 "공동체 의식을 가지고 세계와 소통하는 민주 시민으로 배려와 나눔을 실천하는 더불어 사는 사람" 이라고 개정하여 명시하였다.

이러한 점은 교육계는 인성교육진흥법이 제정되기 이전부터 이미 배려를 포함한 인성교육을 중요하게 여기고 실행 중이었다는 점을 나타낸다. 특히 인재 양성의 목표의 하나로 배려를 실천하는 인재 양성을 두고 있었다는 점을 나타낸다(고미숙 2017). 이러한 일련의 교육과정에 따라, 각급 학교의 각종 교과에서는 이미 배려교육을 실행하며 여러 시도와 노력을 하고 있었다. 물론 그러한 교육계의 노력은 이후 계속되고 있다(2.4절 논의 참조).

2.2 인성교육진흥법 제정과 시행

2.1절에서 소개한 것처럼 교육과정에 배려교육과 같은 인성교육에 관련된 내용이 이미 반영되어 있었음에도, 당시 각종 패륜 행위, 흉악 범죄, 잔혹 사건 등이 많이 발생하였다. 급속히 성장해가는 SNS와 각종

---

13 최현섭 외(2007) 등에서 고찰한 바와 같이 인성교육이나 배려교육에 관한 관심은 근대식 교육보다 훨씬 이전인 유교, 불교, 기독교 등으로 소급해 올라갈 수도 있다. 이러한 접근법은 4장에서 소개할 상생화용(론)적 인식론의 근간을 이루기는 하나, 이 장은 언어 중심 배려 연구의 시기성을 검토하는 데에 중점을 두므로 최근 교육의 동향에 한정한다.

대중매체 등은 이런 안타까운 소식들을 신속히 전했을 뿐만 아니라 장기적 예방책을 성토하는 장이 되기도 하였고, 이 과정에서 인성교육을 강화할 필요성, 중요성, 그리고 시급성도 급격히 부각되었다. 이에 다른 많은 법안처럼 논의에 그치지 않고, 법제화까지 탄력을 받았던 것으로 보인다.

이에 인성교육진흥법은 2014년 12월에 국회를 통과하였다. 시행은 이듬해인 2015년 7월 21일부터 되었다. 이를 통해 인성교육은 국가와 지방자치단체의 "책무"가 되었다(제4조). 이로써 우리나라는 세계에서 최초로 인성교육을 유치원, 초·중등학교 등에서 의무로 규정한 나라가 되었다(나무위키 인성교육 항목).

좀 더 구체적으로, 동법 제6조는 교육부 장관이 대통령령으로 정하는 관계 중앙행정기관의 장과의 협의와 제9조에 따른 인성교육진흥위원회의 심의를 거쳐 인성교육종합계획을 5년마다 수립하도록 규정하고 있다. 이에 따라 <제1차 인성교육 종합계획>은 2016년부터 2020년까지 시행하였다. 그리고 2023년 현재는 2021년부터 시작되어 2025년에 종료되는 <제2차 인성교육 종합계획>이 시행 중이다.

2.3 인성교육진흥법에서의 배려, 그리고 언어

그렇다면 인성교육진흥법에서 배려는 어디에 위치하는가? 인성교육진흥법에 따르면 인성교육이란 "자신의 내면을 바르고 건전하게 가꾸고 타인·공동체·자연과 더불어 살아가는 데 필요한 인간다운 성품과 역량을 기르는 것을 목적으로 하는 교육"을 지칭한다(2017년 개정 제2조 1항).

이러한 인성교육, 특히 "(전략) 더불어 살아가는 데에 필요한 인간다운 성품과 역량" 부분은 우리가 고찰하고 있는 배려와 상당히 그 공유하는 바가 많음을 알 수 있다(4장에서 상술). 그렇기에 동법이 인성교육의 "핵심 가치·덕목"으로 예(禮), 효(孝), 정직, 책임, 협동과 더불어 존중, 배려도 명시적으로 포함한다는 것은 그다지 놀랍지는 않다(제2조 2항).

그렇다면 어떤 "성품과 역량"이 "더불어 살아가는 데" 필요한가? 인성교육진흥법은 그 "핵심 역량"을 "핵심 가치·덕목을 적극적이고 능동적으로 실천 또는 실행하는 데 필요한 지식과 공감·소통하는 의사소통능력이나 갈등해결능력 등이 통합된 능력"이라 정의하고 있다(제2조 3항). 이 정의의 후반부, 즉 "공감·소통하는 의사소통능력이나 갈등해결능력" 부분은 앞에서 열거한 여러 가지 "핵심 가치·덕목" 중에서 존중과 배려를 위한 능력을 다분히 염두에 둔 것으로 보인다.

이 책의 시의성은 바로 이러한 "핵심 역량" 중의 하나로 언어적 접근도 강조하는 데에 있다. "공감·소통하는 의사소통"뿐만 아니라 "갈등해결"을 위해서는 무엇보다도 배려의 언어적 측면이 부각 된다. 물론, 교육, 철학·윤리, 심리(상담) 등의 접근도 필요하고 중요하겠으나, 이런 다른 분야의 접근도 먼저 언어를 통해서 이루어진다. 즉, 인성교육, 특히 배려교육에 반드시 언어가 더 중요하지는 않을지라도, 적어도 순차적으로 우선한다는 점에서 언어를 우선해서 배려를 고찰할 필요가 있다. 이는 1장도 강조한 바이다.

이처럼 인성교육은 배려를 "핵심 가치·덕목"의 하나로 보고, 그 언어적 중요성을 강조하고 있다. 그러나 교육 현장에서는 국어과 등을 제외하고는 배려가 어떻게 언어적으로, 혹은 비언어적으로 구현되며 소통에 어떤 난점이 있는지 등에 관해서 고민하기보다는 다소 규범론적이고 당위론적으로 다뤄지고 있는 것으로 보인다. 이는 배려를 정의하고 그 이론적 체계를 수립하고 교육 전략을 채택하는 데에 있어 아무래도 철학-윤리-도덕, 교육(예, 김수동 2004, 송민영 2009, 박상인 2013), 심리(예, 정영숙 2016) 등, 언어 외의 분야에 근간을 둔 연구가 많고 또 그만큼 연구 역사도 길기 때문일 것이다. 그렇다고 해서 배려교육을 강조하는 선행 연구들이 배려를 이해하고 교육하는 데에 있어 언어의 중요성을 부인한다거나 배려적 언어를 이해하고 실행하고 성찰하는 것이 중요하다는 점을 부인하지는 않는다.

혹자는 "도와주거나 보살펴 주려고 마음을 씀"이라고 한 <표준국어대사전>의 정의에 언어가 없다는 점을 지적할 것이다. 또 그들의 지적처럼 배려를 정의하고 수행하고 교육하는 데에 언어가 꼭 필요한 것은 아니다. 또 그래서 교육 현장에서 배려가 규범론적이고 당위론적으로 받아들여지고, 언어적으로 여겨지지 않는지도 모른다. 그러나, 1장을 마무리하면서도 밝힌 것처럼 이는 '언어'를 지나치게 제한적으로 생각한 것이다. 또 "마음을 씀"이 많은 경우 발화(utterance)나 발화로 기능하는 행위(act)로 표현된다는 것을 고려하면 배려교육에도 언어와 소통이 매우 중요하다는 것을 부인하기는 어렵다(3.2.1의 논의 참조). 또 그렇기에 언어 중심의 배려 연구도 드물지는 않다(특히 4장에서 볼 상생화용(론)계의 연구). 이러한 내용은 3장과 4장(특히 4장)에서 더 자세히 이어가기로 한다.

2.4 인성교육과 교과교육의 문제

2.1절에서도 이미 소개한 것처럼 배려교육의 중요성은 인성교육진흥법 제정 이전에도 이미 교육과정에 반영돼 있었다. <2009년 개정 교육과정>과 <2015년 개정 교육과정>은 공히 배려와 나눔을 실천하는 사람을 그 "추구하는 인간상"으로 명시하였다. 네 가지 추구하는 인간상을 개별 교과와 무관하게 명시한 사실에서 알 수 있다시피 배려교육은 특정 교과교육에서만 강조한 것은 아니었다.

특히 <2015년 개정 교육과정>은 총론에서 학생의 실질적인 능력을 기를 수 있도록 아래와 같은 여섯 개의 "역량"을 처음으로 제시하였다. 이들 중에서 "의사소통 역량", "공동체 역량", "심미적 감성 역량" 등은 아래의 정의가 나타내듯이 정도의 차이는 있지만 배려와 밀접하다:[14]

- 의사소통 역량: 다양한 상황에서 자신의 생각과 감정을 효과적으로 표현하고 다른 사람의 의견을 경청하며 존중하는 능력
- 공동체 역량: 지역, 국가, 세계 공동체의 구성원에게 요구되는 가치와 태도를 가지고 공동체 발전에 적극적으로 참여하는 능력
- 심미적 감성 역량: 인간에 대한 공감적 이해와 문화적 감수성을 바탕으로 삶의 의미와 가치를 발견하고 향유할 수 있는 능력

---

14 그 외 역량의 정의는 아래와 같다:
- 자기관리 역량: 자아정체성과 자신감을 가지고 자신의 삶과 진로에 필요한 기초 능력과 자질을 갖추어 자기주도적으로 살아갈 수 있는 능력
- 지식정보처리 역량: 문제를 합리적으로 해결하기 위하여 다양한 영역의 지식과 정보를 처리하고 활용할 수 있는 능력
- 창의적 사고 역량: 폭넓은 기초 지식을 바탕으로 다양한 전문 분야의 지식, 기술, 경험을 융합적으로 활용하여 새로운 것을 창출하는 능력

이러한 역량들은 말 그대로 총론에서 설정한 역량이므로 범교과적인 내용이었다.

총론이 이렇다는 뜻은 도덕과, 국어과 등 밀접 교과교육에서뿐만 아니라 영어과 등 얼핏 인성교육, 배려교육이 선뜻 연상되지 않는 교과도 총론의 역량과 연계하여 개별 교과에 맞는 역량을 교육하고 학습해야 한다는 뜻이다. 이에 관한 규범론적이고 당위론적이지 않은 배경은 무엇이었을까? 물론 밀접한 교과교육에서의 인성교육은 이미 오래전부터 철학-윤리-도덕적 측면에서의 배려에 관한 관심과 이해의 뿌리가 깊었기 때문에 수긍하는 데에 크게 문제가 없다. (최현섭 2004a, b, 정영숙 2017). 하지만, 왜 모든 교과교육에서 학생이 실질적 배려 능력을 함양해야 하는가? 본서는 이와 같은 총론 자원의 (배려교육을 포함하는) 인성교육과 개별 교과교육의 연계성을 크게 두 가지 점에서 추적해 보려 한다.

인성교육을 단독 교과교육으로 보거나 개별 교과교육 중심으로 하기보다는 총론의 역량과 연계하여 교과에 맞는 역량을 교육하고 학습해야 하는 첫 번째 이유는 워낙 다학제적인 배려의 특성 때문일 것이다. 정도의 차이는 있겠지만 배려에 관해서 다루지 못할 교과는 사실 없다고 봐도 과언은 아니기 때문이다. 즉, 배려는 그 다학제성으로 인해 밀접한 도덕과, 국어과 등에서는 말할 것도 없고 사회과, 역사과, 영어과 등에서, 나아가 생물과, 지구과학 등에서도 얼마든지 교과교육이 가능하다. 물론 이때의 배려는 사람과 사람 사이의 배려를 넘는 광의의 배려일 것이다 (특히 5장 참조). 예를 들어 생물과에서 동물 학대 방지 등에 관해 교육하고 지구과학과에서 환경 보호와 에너지 절약 등에 관해 얼마든지 교육할 수 있다. 이처럼 워낙 다학제적인 배려는 그 역량을 단지 밀접 교과에서만 교육할 수 있는 것은 아니고, 또 이를 뒤집어 보면 배려역량을 갖추었다면 단지 밀접 교과에서만 그 역량을 발휘하는 것은 아닌 것이다.

배려를 포함한 인성교육을 총론의 역량과 연계하여 교과에 맞는 역량을 교육하고 학습해야 하는 두 번째 이유는 첫 번째 이유와 관련되나 더욱 적극적인 입장에 기반한다. 5장에서 더 상세히 안내하겠으나, 배려 연구와 교육의 거장인 Noddings(예, 1984/2013 등)는 배려교육이 교과교육의 일부가 되기보다는 오히려 역으로 교과교육이 배려교육의 일부가 되어야 한다고 주장하였다. 이러한 주장은 물론 위에서도 언급한 배려의 다학제성과도 어느 정도 일맥상통하기도 한다. 하지만 그녀의 주장은 배려가 다양한 교과에서 가르칠 수 있다는 사실에만 기반한 것은 아니었다. 그보다도 그녀는 배려를 교육의 핵심적인 요소로 보았고, 나아가 배려교육 중심으로 교과교육, 학교 조직, 학제, 지역 사회, 국제관계 등까지도 모두 혁신해야 한다고 주장하였다.[15] 이러한 그녀의 논저는 큰 반향을 일으켰다. 이런 점에서 배려를 포함한 인성교육에 관한 한, 총론 차원 역량을 설정하고 이와 연계하여 개별 교과 차원의 역량을 신장하는 교과과정은 그녀가 주장한 혁신을 국내 현실 상황에서 일정 부분 반영하려는 노력으로 보인다(송민영 2009, 구본관 2017).

2.5 제2장을 맺으며

이 장은 1장에서 지적한 배려 중심 언어 연구의 시의성을 인성교육의

---

15 이런 점에서 인성교육진흥법이 인성교육을 국가와 지방자치단체의 책무로 규정하여(제4조) 가정, 학교 및 지역사회에서의 인성교육을 지원하기 위한 교육 프로그램을 개발하여 보급하도록 한 점(제11조)도 Noddings의 영향이 엿보인다고 볼 수 있는 부분이다.

하나로서의 배려교육이 갖는 시의성과 인성교육 안에서 언어, 특히 언어교육이 갖는 중요성을 중심으로 살펴보았다. 먼저 인성교육진흥법 이전부터 있었던 배려교육을 향한 관심을 <2009년 개정 교육과정>과 <2015년 개정 교육과정>을 중심으로 간략하게나마 소개하였다. 이어 인성교육진흥법 제정 과정을 소개하고, 인성교육진흥법에서 배려와 언어가 중요한 위치를 점한다는 점을 강조하였다. 그리고 마지막으로 배려교육을 포함하는 총론 차원에서의 인성교육과 개별 교과교육의 관계를 고찰하여 4장과 5장의 발판을 닦아 놓았다.

물론 이 장의 소개는 매우 소략해서 언어 중심 배려 연구의 시의성을 충분히 부각하는 데에는 한계가 많았을 것이다. 그러나 소략하나마 이 장을 통해서 인성교육에 있어서 배려가 중요하고, 또 배려교육에 있어서 언어가 중요하다는 연결 고리를 형성할 수 있었으리라 본다. 이 장에서 부족한 설명은 국어교육을 중심으로 4장에서 상술할 것이다. 교육에 관련된 논의는 시의성을 확인한 선에서 일단 잠시 접어두고, 다음 장인 3장은 언어 중심 배려 연구로 돌아와 넓은 의미에서의 포스트-구조구의적 접근법에서 배려를 검토해 본다.

제3장.

포스트−구조주의적 접근법에서 본 배려[16]

1장은 '배려'의 사전적 정의가 지나치게 단순함을 지적하고 이를 바탕으로 그 번역어와 유의어에 관한 고찰이 부족하다는 점에서도 문제를 제기하며, 언어 중심 배려 연구의 중요성을 강조하였다. 또 2장은 인성교육진흥법 전후의 배경을 중심으로 인성교육의 하나로서의 배려교육이 갖는 시의성, 그리고 그 인성교육 안에서 언어가 갖는 중요성을 소개하였다. 이 두 장을 통해 배려 연구에 언어가 중요하고 우선적이어야 하는 이유와 또 이러한 논의가 시의성을 갖는 이유는 충분히 제시되었다고 본다.

이제 이 장은 본격적으로 배려를 언어 중심으로 고찰하며, 1장에서 제

---

16 이 장의 내용은 필자(김기태 2022)의 논문의 내용을 확대 발전한 것이다. 이에 따라 3.2절~3.4절에는 중복이 있다.

기한 문제들을 해결할 방법을 찾아보려 한다. 이를 위해서 우선 3.1절은 배려에 언어적으로 접근한 선행 연구을 개괄해 논의의 범위를 구체화한다.17 이를 바탕으로 3.2절~3.6절은 배려에 넓은 의미에서의 포스트-구조주의적인 접근을 취한다. 우선 3.2절~3.4절은 Davies & Harré(1990/1999)의 포지셔닝 이론을 소개하고 이 관점에서 '배려'를 상세하게 고찰한다. 3.5절과 3.6절은 이를 각각 확장하여 배려를 포스트-구조주의적 담화분석과 Pennycook(2001)이 주창한 비판응용언어학(Critical Applied-Linguistics)의 관점에서 고찰한다. 3.7절은 이 장을 마무리한다.

3.1 언어 관련 배려 연구 개괄

1장에서도 밝힌 것처럼 배려는 여러 분야에서 다학제적으로 접근이 가능한데, 언어적인 접근을 한 연구도 희소하다고는 할 수 없다. 그러나 언어적 접근을 한 연구들조차도 비언어적 접근을 한 연구들만큼이나 연구 동향을 요약하거나 비교하거나 대조하기는 쉽지 않다. 이 절은 그러한 난관을 논의하면서 본서가 접근하는 방향을 점진적으로 제시하기 위해서 배려나 배려적 언어에 관한 선행 연구를 우선 그 협의에서 시작해서 검토한다. 그리고 점차로 범위를 넓혀가며 분류해서 소개하도록 한다. 그러나 그러한 큰 분류에도 여전히 난관은 남을 것이다.

우선, 언어를 중심으로 배려를 고찰한 선행 연구에서 염두에 둘 점은

---

17 단, 4장에서 상술할 상생화용론계 연구는 논의의 흐름을 위해서 이 장에서 짧게 언급만 하고 해당 장에서 국어교육 관련 배려 연구과 함께 상세히 논의한다. 이는 두 분야가 밀접해서 단독적으로 논의하는 것이 비효율적이기 때문이다.

좁은 의미의 '배려' 그 자체를 언어에 중점을 두고 논한 논저는 많지 않다고도 볼 수 있다는 점이다(박창균 2016). 하지만 그 범위를 넓게 보면 이 절에서 소개가 힘들 정도로 많아질 수 있다. 이에 이 절은 상호적 언어 중심 배려 연구(3.1.1), 사회언어학 중심 배려 연구(3.1.2), 비교 언어/문화적 배려 연구(3.1.3)로 점차로 그 외연을 확장해가며 소개하며 포스트-구조주의적 접근이 필요한 이유(3.1.4)를 제시한다. 이들 중에서 엄밀하게 말해서는 상호적 언어 중심의 연구들만 '배려' 그 자체에 관한 연구라고 할 수 있다. 그러나 다른 연구들도 정도의 차이는 있지만 무관하다고는 할 수 없으므로 이 소절에서는 이들도 검토하도록 한다.[18]

3.1.1 상호적 언어 중심 배려 연구

국내 연구 중에서는 여기에서 일부를 언급하고 4장에서 더욱 상세히 소개할 최현섭(2004a, b)이 선도한 상생화용론 계열의 연구와 배려를 의사소통론적 과점에서 개념화하고 그 자질을 고찰한 박창균(2016) 등의 연구가 상호적 언어를 중심으로 한 '배려' 자체에 관한 연구라 할 수 있다.[19] 또 본서의 접근법도 근본적으로 여기에 들어간다고 할 수 있다. 이들 중에서 상생화용론은 논의에 흐름상 여기에서 간략히 소개하고 4장에

---

18 이에 따라 언어 관련 배려 연구가 이들 분야 외에는 없다는 뜻은 물론 아니다. 또 아래에 소개하는 논저들은 해당 분야의 연구를 포괄적으로 총망라한다기보다 해당 분야의 예시로 제시된다. 이에 따라 한 논저가 한 분야만의 예시가 된다는 뜻은 물론 아니다. 즉, 논저의 내용에 따라 한 분야에 국한된 예시가 될 수도 있고, 여러 분야의 예가 될 수도 있다. 여기서는 편의상 한두 분야에 집중하여 논의하도록 한다.

19 '상생화용론'은 초기 용어이나 이 장에서는 그의 초기 용어인 이 용어를 그대로 쓰기로 한다. 4장에서 이 용어에 관해 자세히 논한다.

서 별도로 심도 있게 논의하도록 한다. 우선 관련 논저가 이 장에서 소략하게 소개하고 넘어가기에는 많은 편이며, 또 언어 중심의 배려 연구와 배려교육에 중요하기 때문이다. 반면 박창균(2016)은 이 절에서 소개하여 3.2절 이하의 논의에서 계속 참고하려 한다.

첫째, 최현섭(2004a, b)은 "진실한 언어 사용", "상대 존중 및 배려", 그리고 화자와 청자 사이의 "상호 교접적 관점(the transactional theory)"에서의 "의미 생성"을 중심으로 "상생적 언어사용"을 서구 중심의 이론에 대한 대안으로 제시하며 상생화용론을 주창하였다. 이후 그의 관점을 계승하고 발전시키는 연구는 꾸준히 이어지고 있다. 이러한 상생화용론의 접근법은 배려 연구와 교육에 언어를 중심에 놓는다는 점에서 이 장의 접근법과도 밀접하다. 그러나 엄연한 차이점도 존재한다. 이에 관해서는 점차로 언급하도록 한다.

둘째, 박창균(2016)은 배려의 의미를 검토하며 5장에서 소개할 Noddings(1984/2013, 1992 등) 등의 관점이 "배려자가 피배려자를 돌보고 보살피며 마음을 쓰며, 피배려자는 배려자에게 반응을 보이는 관계로 규정"한다는 점에서 지나치게 "일방적"이고 "수직적"이며 "타인 지향적임"을 비판한다. 이러한 논의를 바탕으로 그는 소통적 관점에서 '배려'를 "대화 참여자 간의 상호 존중을 전제로 상대방의 말을 공감적으로 수용하며 자신의 마음을 진실되게 드러내는 것으로, 이는 소통의 제반 상황에 대한 총체적 이해를 기반으로 하여 성찰하는 과정"이라 정의한다(p. 100).[20] 그리고 소통에서 실현되는 배려의 자질로는 인식 차원에서 "상

---

20 이는 '배려'를 "배려하는 자가 상대방에 대한 관심과 염려를 바탕으로 상대방의 생각과 입장을 존중하면서 상대방의 복지를 위해 상대방과 자기 자신을 서로 조율해 가는 과

호 존중하기", 표현 차원에서 "진실된 말하기", 수용 차원에서 "공감적 경청하기", 상황 차원에서 "관계적 사고하기"를 든다. 이러한 그의 소통 중심의 접근법은 이 장의 시각과 상당히 궤를 같이한다. 특히 그가 Noddings 배려론의 약점으로 꼽은 사항들은 필자도 동의한다. 그러나 반면에 대면적 소통에는 잘 적용되나, 바로 대면적 소통에만 집중하는 점이 1.3절에서 지적한 공간적 단차원성으로 작용하기도 하는 것으로 보인다.[21]

간략히 소개하였으나 상생화용론과 소통 중심 배려론은 모두 배려를 고려하며 언어적 상호성에 중심을 두고 있다. 이러한 점은 기존의 철학-윤리-도덕적, 교육적 접근법에 비해 언어에 순차적 우선순위를 부여함으로써 배려를 좀 더 객관화할 수 있는 발화-행위로 볼 수 있게 하는 장점이 있다. 이는 이 장에서 언급할 포스트-구조주의적 접근법과도 공유되는 장점이다. 그러나 박창균(2016)도 지적한 바와 같이 배려에 언어적으로 접근한 연구들은 이들 외에는 소수이며 대체로 국어교육(화법교육 포함) 관련 위주이다. 이에 범위를 조금 더 확장해서 사회언어학적인 시각에서의 배려 연구를 살펴보자.

3.1.2 사회언어학 중심 배려 연구

복합적이고 다학제적인 배려학의 특성상, 다양한 분야와 시각에서 오

정"으로 보는 (고미숙 2017)의 시각과도 상통한다. 또 3.3.1과 3.3.2에서 볼 포지셔닝 이론의 쌍방향성과 상대성과도 상통한다.

21 즉, 그는 3.3.3에서 볼 포지셔닝 이론이 강조하는 다차원성, 최인자(2006)가 강조하는 상생화용(론) 시각에서의 "중층적 기제", Noddings(예, 1992) 등의 초대인(超對人) 배려론과 같이 인식론이나 존재론 차원에서 체제를 설정하지는 않은 것으로 보인다.

랜 기간 연구가 수행되다 보니 배려의 정의, 체계, 교육 전략 등을 논하는 데에 있어 그 범위 또한 모호하거나 상당히 넓어 일관적이지 않게 되었다. 이러한 배려와 관련된 모호성과 광범위성은 언어를 연구의 우선순위에 놓지 않은 연구들뿐만 아니라 우선순위에 놓은 연구들 사이에서도 흔히 찾아볼 수 있는데, 언어 관련 배려 연구에서 그 영역과 관련해 논란이 가장 일어날 수 있는 분야가 바로 사회언어학을 중심으로 한 연구들일 것이다.

예시의 편의를 위해 바로 앞선 3.1.1에서 소개한 최현섭(2004a)과 박창균(2016)을 중심으로 논의해 보자. 배려를 후자와 같이 사람 사이의 소통에 중점을 두고 협의의 대인 간의 현상으로 보는지, 전자와 같이 이를 초월하여 광의의 대상에도 확장되는 현상으로 보는지는 매우 근본적인 문제이다. 우선, 협의의 배려에 주목해 보자. 최현섭(2004a)과 박창균(2016)이 공통으로 선택한 용어 중의 하나가 "존중"인데, 이와 관련해서 사회언어학적으로 가장 많은 논저가 있는 분야 중의 하나는 언어적 공손법(linguistic politeness)일 것이다. 이러한 점에서 서구의 Brown & Levinson(1987)이나 이들의 이론이 기반을 둔 Goffman(1955, 1967)의 체면(face) 이론 등은 존중과 관련된다. 그리고 오미영(2007: 3-4)이 언어적 공손 전략은 체면 욕구를 "배려하기 위한 목적에서 사용되는 것"이라고 설명한 데서 볼 수 있다시피, 언어적 공손법(전략)은 배려와 관련된다. 그러므로 이런 사회언어학적 연구들은 존중, 공손, 체면 등의 개념이 배려와 연결이 되어 있음을 나타내기는 한다. 또 4장에서 볼 상생화용(론) 계열의 적지 않은 연구가 존중이나 배려를 언급하면서 체면이나 언어적 공손법 등을 언급하는 것도 사실이다.

그러나 존중, 공손, 체면 등의 개념이 배려와 접점이 있기는 하지만 이들을 과연 대체 가능한 개념으로 볼 수 있을지는 의문이 아닐 수 없다. 이는 마치 1장에서 배려, 보살핌, 돌봄 등의 개념에 접점이 있고 또 학제 상 대체 가능한 것으로 쓰이고는 있지만 과연 그것이 언어적, 학문적으로 합당한지 의문을 던진 것과 같은 성찰이라고 할 수 있다. 물론 이에 관해서는 1.6절에서 시도한 방법, 그리고 그 외의 학문적인 방법 등으로 추가적인 연구를 통해 더 밝혀야 할 것이다. 그러나 Brown & Levinson 의 언어적 공손법은 말 그대로 언어적인 것만을 고려하고 비언어적인 것은 고려하지 않는다는 데서 알 수 있다시피 언어적 공손법이 '공손' 자체는 아니며(LoCastro 2011: 137), 나아가 '배려' 자체는 아니라는 점에 주의할 필요가 있다. 즉, 배려를 언어 중심으로 연구하는 것과 배려적인 언어를 연구하는 것이 같지는 않다.[22] 물론 둘 사이의 구분이 어려운 경우도 많은 것은 사실이고, 특히 수행적인 측면과 교육적인 측면에서는 구분이 쉽지 않을 수도 있겠으나, 그러면 그럴수록 더욱더 정밀하고 체계적인 언어적 분석이 필요할 것이다.

이제, 광의의 '배려'로 시각을 좀 확대해 보도록 하자. 이 단계의 배려는 대인 사이의 배려에 국한되지 않고 '인(仁)', '예(禮)', '의(義)'로 이어지는 유교의 윤리(최현섭 2004a 등, 정영숙 2016), '자비/자애'로 이어지는 불교의 윤리(나카가와 요시하루(中川吉晴): 송민영(2009)에서 인용), 자기와 타인을 벗어나 자연, 문화, 문명에 대한 고려로 보는 시각 (Noddings 1984/2013, 1992 등)으로까지 확장하기도 한다. 이처럼 그

---

22 차현경(2006)에 따르면 일본에서는 학자들 사이에 Brown & Levinson(1987)의 'politeness'를 "배려표현"으로 보는 것이 적절한지 "대인배려행동"이라고 보는 것이 적절한지 논란이 있다고 한다. 그러나 이러한 논란도 정도의 차이는 있지만 '배려'라는 개념 자체와 표현 형식을 구분하는 데에서 오는 난점과 관련된 것으로 보인다.

범위가 넓어질수록 사회언어학적 고찰을 넘어 윤리적, 종교적, 생태학적 고찰 등으로 확장되지만, 그 대상 영역에 있어서는 충분히 사회언어학적일 수 있다. 예를 들어 각종 장애인 차별어 등을 고찰한 임영철·윤사연(2009) 등의 연구나 1.2절에서 예시로 든 임산부 배려석도 대인 단계를 넘은 사회언어학적인 측면에서의 '배려'를 강조한 것이다.23

그러나 광의의 배려도 협의의 경우에서와 마찬가지의 문제에 빠진다. 즉, 인, 의, 예, 자비/자애, 공감 등이 배려와 교집합이 있기는 하나, 그렇다고 이들 개념이 완전히 합동(合同)이라고 할 수는 없다. 역시 이들 사이의 유사점과 차이점도 1장에서 제기한 바와 같이 면밀하게 더 밝혀야 할 것이다. 즉, 협의와 광의를 종합해 보면, 한편으로는 다양한 범위와 시각에서 접근한 연구들이 배려에 관한 이해를 심화시켰고 그로 인해서 배려의 범위는 좁은 범위에서 많이 확대되었으나, 반면에 그로 인해서 정의로부터 그 대상까지 매우 큰 차이를 보이게 된 것이다.

이 책은 이처럼 협의와 광의의 배려 관련 용어들에 의구심을 표하고 일부라도 그 개념들을 재고하고 언어 중심 연구 방법을 제시해 보려 하는 것이다. 앞서 협의의 배려와 언어적 공손법을 논의하였는데, 근래의 연구 동향은 Brown & Levinson의 보편주의(universalist)적이고 확정

---

23 이런 연구는 대체로 취약계층 등을 향해 사회적 배려 없음을 지적하는 '자유주의적 사회언어학(liberal sociolinguistics)'이거나 이를 바탕으로 권력 구조 등의 문제도 비판하는 '비판적 사회언어학(critical sociolinguistics)'이라고 할 수 있다(Pennycook 2001). 그러나 '장애자', '장애인', '장애우' 등의 표현을 둘러싼 논란(KBS 뉴스 2020년 2월 12일 자, <"장애우가 아니라 장애인입니다"... 마트부터 휴게소까지 '곳곳' 사용'>, 3.2절 이후의 논의 등을 고려하면 이런 접근법들은 그 의도는 좋은 '언어 보건(verbal hygiene, Cameron 1995)'일 수 있으나, 자칫 원하지 않는 배려를 낳을 수도 있다는 점에서 지나치게 교조주의적으로 흐를 수도 있다.

적인 고전적 공손법 이론을 비판하며 언어적 공손법의 불확정성을 강조하는 포스트-모더니즘적이고 포스트-구조주의적 접근을 강조한다 (Eellen 2001, Watts 2003, Kim 2011 등). 이를 본서의 1장에서 제기한 문제, 그리고 박창균(2016)의 소통적 배려론과 연결해 보면, 화자 중심적이기만 하고, 따라서 배려 판정이 절대적이고, 공간적으로 단차원적으로만 접근하는 언어적 공손법이나 배려론은 이제 도전에 직면한다고 볼 수 있다. 따라서 배려와 다른 유관 개념들도 이 장에서 제시하는 것처럼 포스트-구조주의적 접근을 통해서, 특히 3.6절에서 언급할 "문제화하는 실천론(problematizing practices)"의 입장에서 고찰해 볼 필요가 있다. 이에 아래의 3.2절부터는 그런 정신에 입각해서 접근하고 범위를 확대해 갈 것이다.

3.1.3 비교 언어/문화적 배려 연구

3.1.2에서 소개한 Brown & Levinson(1987)의 언어적 공손법에 관해 많은 논란이 있는 사항 중의 하나가 위에서도 언급한 것처럼 보편주의적이라는 점이다. 합리주의적인 입장에서, 언어적 공손법이 개별 언어/문화에 무관하게 보편적이라는 그들의 주장은 공손법은 개별 언어/문화에 따라 다르다는 학자들의 주장과 계속해서 서로 충돌해왔다(Watts 2003, Yu 2003 등). 이에 비해 배려는 그 보편성 여부에 관한 명시적 토론이 그다지 많지는 않은 것으로 보인다. 이 장의 접근법보다 더 널리 알려진 4장에서 상술할 상생화용론이나 5장에서 상술할 Noddings의 배려론 등은 일부 반보편주의적 관점을 표명했더라도 (특히 Noddings의 배려론의 경우) 포괄적인 보편주의를 전제로 하는 것으로 보인다. 이에 비해 이 장

의 나머지 부분에서 소개할 포스트-구조주의적 접근법들은 좋게 보면 보편주의적이고 나쁘게 보면 교조주의적인 주장에 대한 이론 내적인 불안감을 가지고 있다.[24] 그러나 앞서 밝힌 바와 같이 배려가 보편적이어야 하는지 문화특징적이어야 하는지에 관한 토론은 이 모든 분야에서 부족한 것으로 보여 향후 면밀한 후속 연구들이 필요하다고 하겠다.

단 '배려' 자체의 보편성과 문화특징성에 관한 명시적인 고찰이라 보기는 어려우나, 다른 나라 언어나 문화의 배려적 언어나 행위를 중심으로 비교문화적(cross-cultural) 연구를 수행한 예는 적지 않다. 일례로 임영철(2006)은 Brown & Levinson(1987)의 'politeness'를 일본어에서는 '배려표현'이라 부르기를 옹호하며, 한국과 일본의 화제, 맞장구, 커뮤니케이션 스타일 등을 대조해 차이점이 많음을 보인다. 또 차현경(2006)은 한국어와 일본어에서의 서두의 "배려표현"('미안하지만', '늦게 받아 죄송합니다', '밤늦게 죄송합니다', '혹시 괜찮다면')과 주위에 대한 "배려행동"(식당 등에서 빈자리를 발견했을 때, 붐비는 지하철 등을 내릴 때, 극장 등에서 사람 앞을 지날 때)을 대조해 차이점을 보인다. 이러한 연구들은 배려적 언어나 행동을 위주로 비교문화적 연구를 수행한다는 점에서 명시적으로 주장하고 있지는 않더라도 '배려'의 문화특징성을 전제로 한다고 할 수 있다.

---

24 그러나 3.2절~3.4절에서 소개할 Davies & Harré(1990/1999)의 포지셔닝 이론의 한 축을 담당한다고 할 수 있는 Searle(1969, 1975, 1976 등)의 화행 이론(Speech Act Theory)에 관해서는 Brown & Levinson의 언어적 공손법처럼 보편주의적인지 아니면 문화특징적(culture-specific)인지에 관한 열띤 토론과 연구가 1980년대 중반 이후로 진행 중이다(Blum-Kulka & Olshtain 1984, Blum-Kulka, House, & Kasper 1989 등).

또 반드시 배려를 전면에 내세우지 않았더라도 이러한 비교문화적 의사소통(cross-cultural communication)이나 문화간(intercultural) 의사소통에 관한 수많은 논저가 다른 언어권이나 문화권의 배려적인 표현이나 행동이 문화특징적임을 전제로 한다. 결국 이러한 문제는 '해당 문화권의 사람이면 꼭 그런가?'라는 본질주의(essentialism)의 문제로까지 확대될 수 있다. 그러나 이에 관한 논의는 적어도 배려에 관해서는 찾기 힘들어 보인다. '배려' 자체에 관한 논저는 대체로 보편주의적으로 보이고, 비교문화적 의사소통을 위한 배려에 관한 논저는 대체로 문화특징적이고 본질주의적으로 보이나 이에 관해 더 명시적이고 치밀한 검토와 논의가 필요할 것이다.

이를 정리해보면 배려의 보편성, 문화특징성, 본질성 등에 관한 논의는 매우 필요함에도 적어도 명시적으로는 활발하게 논의가 되고 있지는 않은 것으로 보인다. 따라서 향후 면밀한 후속 연구들이 필요할 것이다. 물론 이러한 문제에 관해 포괄적면서도 심도 있는 답을 찾아 보는 것은 이 책의 범위를 벗어난다. 그러나 문제를 제기하고 그 접근 가능성과 해결 가능성을 포스트-구조주의적 접근을 통해 탐색해 보고자 하는 것이다.

3.1.4 포스트―구조주의적 접근의 필요성

지금까지 언어 중심의 다양한 배려 관련 선행 연구를 검토한 결과, 아래와 같은 접근법이 필요함을 확인할 수 있었다. 즉, 첫째, 언어에 순차적 우선순위를 부여함으로써 배려를 좀 더 객관화할 수 있는 발화-행위로 볼 수 있게 할 수 있는 접근법, 둘째 배려의 (불)/(미)확정성을 검토할 수 있게 할 수 있는 접근법, 셋째 배려의 문화적 (비)본질성도 검토하게 할 수 있도록 하는 접근법이 필요함을 확인하였다. 그리고 여기에 2장에서 소개한 인성교육과 4장에서 검토할 언어(특히 국어)교육을 위한 가능성을 갖는 접근법도 필요하다. 그리고 다시 1장에서 제기한 문제들에도 해결책을 제시할 수 있는 접근법도 필요하다.

이에 이 장은 이러한 요구에 적절한 해결책을 제시하면서도 좁은 의미와 넓은 의미의 배려의 정의도 수용할 수 있는 방법으로 포스트-구조주의적 접근법을 취하고자 한다. 이 장에서 취하는 포스트-구조주의적 접근법은 구체적으로는 세 가지로, Davies & Harré(1990/ 1999)의 포지셔닝 이론(Positioning Theory) (3.2절~3.4절), 포스트-구조주의적 담화분석(3.5절), 비판응용언어학(3.6절)이 그것이다.

각 해당 소절에서 소개가 이루어질 것이나 여기서는 Davies & Harré(1990/1999)의 포지셔닝 이론과 배려 연구가 서로 적합한 이유를 이 단계에서 두 가지만 들어 향후 논의의 편의를 도모하고, 포스트-구조구의적 접근법의 예시를 들고자 한다. 첫째, 포지셔닝 이론이 배려 연구에 적합한 이유 중의 하나만 들어 보면 고미숙(2017)이 "상대방의 생각과 입장을 존중하면서"라고 한 것처럼 여러 선행 연구에서 '배려'를 논함에 있어 "입장을 바꿔본다", "입장을 고려해 본다"와 같이 '입장'이라는 용어를 사용하고 있다는 점이다. 이는 바로 포지셔닝 이론의 포지션(position)을 번역하면 그나마 '입장'이 가장 적합하다는 필자의 논의(김기태 2020)에서 알 수 있듯이, 포지셔닝 이론과 배려 연구는 이미 접점을 형성하고 있을 가능성이 크다는 것을 시사한다.[25] 반면 선행 연구들

---

25 포지셔닝 이론이 가리키는 '포지션'과 우리말의 '입장'이 동일하다고 하기에 어려운 부

은 이 '입장' 정확히 정의하지도 않아 어떻게 상대의 입장을 존중하고 고려해 볼 수 있는지, 상대의 입장만 존중해야 하는지 등을 체계적으로 설명하지 않았다. 이런 점에서 바로 이러한 입장과 배려의 관계를 이론적으로 연결하는 연구가 필요함에도 현재까지는 그런 연구가 매우 희소해 보인다. 이에 이 장은 입장과 배려의 관계를 집중적으로 검토하여 언어 중심 배려 연구에 포지셔닝 이론의 활용 가능성을 제시한다.

둘째, '입장'이라는 용어가 배려 연구에서 자주 사용된다는 것 외에도, 포지셔닝 이론의 접근법은 한 사람에게 배려인 행위가 다른 사람에게는 배려가 아닐 수 있고(그래서 1.1절과 1.2절에서 제기한 배려 주체 편향의 문제와 복수나 대중 배려 주체 간 합의의 문제를 극복할 수 있고), 한 사람에게 한 차원에서 배려인 행위가 다른 차원에서는 배려가 아닐 수도 있고(그래서 1.3절과 1.4절에서 제기한 공간적, 시간적 단차원성의 문제를 극복할 수 있고), 또 하나의 행위도 일부는 배려로 다른 일부는 배려가 아닌 것으로 선택할 수도 있게 하므로(그래서 배려의 불/미확정성과 비본질성을 고찰할 수 있게 하므로) 포스트-구조주의적인 융통성을 가능하게 한다. 그러나 아직까지 배려에 관해 포스트-구조주의적인 입장에서 접근한 연구는 희소해 보인다. 이에 이 장과 같은 접근도 필요하다.

분이 있음을 필자의 선행 연구(김기태 2020, 2021a, b)는 지적한 바가 있다. 이 장의 논의를 위해서는 '입장'이 대체로 무난한 번역이나 '입장'은 포지셔닝이 갖는 선택성(3.3절 참조)과 주체성(agency)을 잘 포착하지 못하는 문제가 있다. 그 외 "자리매김"(정연옥·박용익 2017)이나 "지위"(김현욱 2018) 등으로 번역되기는 했으나 해당 번역들이 배려 논의에는 적합하지 않다. 이에 본서는 영어로 'positioning theory'와 'position'을 김정렬(2015)을 좇아 '포지셔닝 이론'과 '포지션'으로 음역해 번역으로 인한 의미 상실을 피하면서도 필자의 선행 연구(김기태 2020, 2021a, b)와의 일관성을 유지하도록 한다.

이제 이러한 필요성을 해소할 첫걸음으로 3.2절에서 3.4절까지 포지셔닝 이론의 시각에서 배려에 접근해보도록 하자.

3.2 Davies & Harré(1990/1999)의 포지셔닝 이론과 선행 연구

이 장은 협의와 광의의 '배려'가 Davies & Harré(1990/1999)가 체계화하였고, 이후 연구들이 여러 분야에서 발전시켜온 포지셔닝 이론으로 효과적으로 설명될 수 있다고 본다.[26] 이에 이 절은 포지셔닝 이론을 간단히 소개하고(3.2.1) 포지셔닝 이론으로 수행된 선행 연구를 검토하여(3.2.2) 이를 바탕으로 이하에서 배려를 포지셔닝 관점에서 고찰하고 이를 포스트-구조주의적 관점에서 고찰할 수 있도록 확장할 기반을 구축하고자 한다.

3.2.1 포지셔닝 이론 개괄

우선, 포지션은 "position/act-action/storyline", 즉 "포지션(입장)/발화-행위/살아온(살아가는) 이야기"라는 삼각관계의 한 축으로서 파악

---

[26] van Langenhove & Harré(1999: 16)는 포지션과 포지셔닝이라는 개념의 원천이 여러 곳에 두고 있다고 밝힌 바 있다. 그들에 따르면 멀리는 마케팅 전략이나 군사 전략에서 쓰이는 두 용어의 개념과 유사하고, 가깝게는 Hollway(1984/1988)의 이성애자 관계에서 남녀가 서로에 대해서 취한다고 보는 포지션의 개념에 그 근거를 두고 있다. 그들이 밝힌 바처럼 개념적 원천은 여러 곳에서 찾을 수 있겠으나 이 책에서는 필자의 선행 연구들에서처럼 Davies & Harré(1990/1999)가 여러 관련된 포지션의 개념을 통합하고 정리하여 포지셔닝 이론으로 발전시켜 이후 연구를 위한 이론적 체계를 구축한 것으로 본다.

할 수 있다. 그러므로 포지셔닝은 "대화 혹은 담화 참여자의 미정인 (indeterminate) 상태에 있는 행동을 사회적 행위로 이해할 수 있도록 어느 정도 정해지도록(determinate) 개인적 이야기를 구축하는 것"을 말한다(van Langenhove & Harré 1999: 16).[27] 다시 말해 포지셔닝 이론은 배려를 일종의 발화-행위로 보고 "포지션(입장)/발화-행위/살아온 이야기"라는 삼각관계 속에서 유기적으로 파악할 수 있게 한다.[28] 어떤 발화나 행위, 나아가 사고 등이 배려인지는 아닌지는 각자가 살아온 삶 속의 여러 차원의 여러 포지션, 즉 입장을 고려해야 논할 수 있다는 것이다.

이때 포지션은 유동적이지만 무한히 미정인 상태에 있지는 않고 어느 정도 제한된 가능성을 부여받거나 취하고 협상하게 된다. 이는 포지션이 '살아가는 이야기' 상의 여러 관계와 단계, 그리고 층위 속에서 각자에게 기대되는 "도의적 책무(moral orders)"에 의해 어느 정도 제약을 받기 때문이다.[29] 이를 배려에 적용시켜보면, 포지셔닝 관점에서의 배려는 화

---

27 Davies & Harré(1990/1999)의 "storyline"이라는 용어는 이 책에서는 '살아온 이야기'를 대표 번역어로 하되, 그 외 '살아가는 이야기', '인생 이야기', '삶의 이야기' 등으로 전후 문맥에 맞춰 다양하게 번역한다. 그들이 "lived narratives"라 하는 표현도 같은 방식으로 번역한다. 두 표현 모두, 시간의 흐름 속에서 각자에게 경험적으로 고유하며, 그다지 일관적이지도 않다는 점에서 유동적이며 역동적인 삶을 나름대로 이해하려는 '이야기'를 강조한다고 볼 수 있다. 따라서 1.4절에서 지적한 사전적 개념의 시간적 단차원성의 문제를 해결할 수 있도록, 나아가 통시적 유동성을 확보할 수 있게 한다는 점에서 원전의 두 표현이 의도하는 바에 큰 차이는 없다(3.3.4 참조). 그러나 본서의 흐름에 있어 대표 번역어로만은 문맥상 적합하지 않은 경우도 많아 대안들도 통용하도록 한다.

28 1장 말미의 언어 중심 배려 연구의 '언어'에 관한 논의와 연결된다. 배려의 관점에서는 포괄적이고 넓은 의미의 발화-행위를 가리킨다.

29 '도의적 책무(moral orders)'는 철학-윤리-도덕적인 책무만을 뜻하는 것은 아니고 개

자로부터 청자로의 일방적인 "마음 씀"만을 바탕으로 하지 않고, 참여자 각각 거쳐온 살아온 이야기' 속의 여러 차원에서 각자에게 부여된 도의적 책무를 바탕으로, 제한적이지만 유동적이며 선택적인 협상을 하는 과정이라 할 수 있다.[30] 그렇다면 이러한 포지셔닝 이론은 다른 (특히 언어) 이론에 비해 배려 논의에 왜 특히 적합할 수 있는가?

3.3절에서 배려와 관련해서 더 상술하겠으나 여기에서 다시 강조할 점은 포지셔닝 삼각관계가 <표준국어대사전>의 정의처럼 화자 중심으로만 단선적으로 전개되지는 않는다는 점이다. 이는 화자와 청자, 그리고 그 주위 사람들은 모두 각자 살아온 이야기 속의 다양한 접점에서 다양한 포지셔닝 삼각관계를 형성해가게 됨을 뜻한다.[31] 그로 인해서 포지션은 다섯 가지 중요한 특징을 갖는다(Kim 2011, 김기태 2020, 2021a, b).

첫째, 포지션은 공시적 쌍방향성을 갖는다. 각자 달리 살아가는 이야기 속에서 각각 다른 포지셔닝 삼각관계를 형성하므로 그 이야기 속에서 어떤 형태로든 만나게 되는 접점에서의 각자의 포지션 역시 가변적이나

인에게 부과되는 여러 관계적, 사회적, 제도적, 역할적, 직업적 기대치 등을 광범위하게 일컫는 말로서 개인이 사회적 존재로서 받는 일련의 의무(이면서 경우에 따라서는 특권으)로 이해할 수 있다. 포지셔닝 이론에서 이에 관해 심도 있는 설명은 없으나, 이 장에서는 배려 관련 논의에서 기존의 철학-윤리-도덕적인 시각을 이론 내적으로 수용할 수 있는 체계로 본다. 또 배려에 관해서는 Noddings(1984/2013, 1992 등)가 말하는 '윤리적(ethical)'에 가깝다고 할 수 있다.

30 포지션은 포지셔닝 삼각관계 속에서 끊임없이 변하나, 언어 표현으로서의 배려적 발화-행위 등은 '배려심 있음/없음' 같은 제한된 포지션의 가능성만 열어 놓게 된다.

31 심지어 담화에 참여하는지도 모르고 있는 사람(혹은 개체)도 살아온 이야기 간에 접점을 형성하며 포지셔닝 삼각관계를 형성할 수 있다. 아래에서 이를 일부 소개하고 3.3절의 포지셔닝과 배려의 수평적 상대성(3.3.2)과 수직적 다차원성(3.3.3)을 언급하며 상술한다.

한정적인 가능성을 취하게 되고 이를 협상하게 된다. 따라서 이 접점에서 하나의 발화-행위는 참여자 모두의 포지션과 삶의 이야기에 각각 동시에 수반 효과를 일으키기 때문이다.[32]

둘째와 셋째, 포지션은 같은 담화 층위에서의 수평적 상대성과 다른 담화 층위에서의 수직적 다차원성을 갖는다. 같은 발화-행위라도 같은 담화 층위에서 각자에게 상대적으로 달리(예로, 화자와 청자에게 상대적으로 달리), 또 담화의 여러 층위에서 각자에게 달리(예로, 개인 차원과 기관 차원에서 달리) 작용하게 되기 때문이다.[33]

넷째와 다섯째, 포지션은 통시적 유동성과 선택적 취사성을 갖는다. 같은 발화-행위라도 각자 살아가는 이야기가 달라짐에 따라서 되돌아보고 유동적으로 다른 포지션을 취하게 되기도 하며, 각자 삶의 이야기 속에서 어떤 포지션의 전체나 일부를 선택, 거부, 협상할 수도 있기 때문이다.[34]

---

32 이런 이유로 필자(Kim 2011)는 '화자'와 '청자'라는 개념보다 'speaking subject'와 'hearing subject'라는 개념이 대화 참여자 모두가 적극적으로 의미 구축(meaning construction)에 참여하고 있음을 강조할 수 있다고 주장한 바 있다. 같은 맥락에서 박창균(2016)도 소통에 있어서는 '화자'와 '청자'라는 용어보다 "참여자"가 더 정확하다고 주장하였다. 이 책에서는 편의상 '화자'와 '청자'라는 기존의 용어도 계속 사용한다. 그러나 이는 순차적으로 전개되는 대화의 단면을 기술하기 위한 편의상의 지목일 뿐이다. 연속적 대화에서는 자신의 의미와 상대방의 의미를 동시에 쌍방향으로 구축하는 참여자들이 있다고 보는 것이 더욱 정확할 것이다.

33 포지셔닝 이론의 이러한 수직적 다차원성은 언어나 심리 분석을 초월하여 자연과학 중심의 존재론, 인식론에 대한 대안으로서 인간과 사회를 중심으로 한 근본적으로 다른 존재론, 인식론을 제안하는 데에서도 드러난다. 이러한 다차원성, 그리고 그로 인한 포괄성은 구체적인 면에서 차이가 있기는 하지만 4장에서 소개할 상생화용론이나 5장에서 소개할 Noddings의 초대인(超對人) 배려에 관한 접근법과 공유점이 있다.

34 4장과 5장에서 자세히 논하겠으나 이런 이유로 상생화용론(최현섭(예, 2004a)이나

이처럼 포지셔닝 이론은 이론 내적으로 발화-행위를 중심으로 참여자들을(즉, 화자와 다른 사람들을) (공시적으로) 쌍방향적으로, (수평적으로) 상대적으로, (수직적으로) 다차원적으로, (통시적으로) 유동적으로, 그리고 선택에 있어 전체적 혹은 부분적으로 도의적 책무와 관련하여 파악할 수 있게 한다. 그리고 이러한 포지셔닝 이론의 관점에서 보면 '배려'는 화자의 "포지션/발화-행위/살아온 이야기" 속에서만 도의적 책무를 바라보지 않고, 다른 사람/존재(들)의 "포지션/발화-행위/살아온 이야기"와 도의적 책무도 논의하는 포지셔닝 협상의 한 종류일 수 있다. 바로 이러한 특징들이 1장에서 제기한 <표준국어대사전>에서의 '배려' 정의의 문제점들과 3.1절에서 제기한 선행 연구들의 문제점 해결에 포지셔닝 이론이 기여할 수 있는 바이기도 하며, 화자의 의도(speaker intention)에 큰 비중을 부여하는 기존의 화행론(Speech Act Theory)의 약점을 포지셔닝 이론이 보완할 수 있는 바이기도 하다.

포지션의 이러한 특성들을 고려하면, 화자가 살아온 이야기 속에서 청자를 배려하는 행위를 해도 청자가 살아온 이야기 속의 포지션에서 화자의 행위가 배려로 수용될지 아닐지 혹은 부분만 수용될지는 확률적 가능성으로만 파악할 수 있다. 이러한 예는 Davies & Harré(1990/1999)가 제시하였고 필자도 유사 사례를 실제로 관찰한 적이 있었던 아래와 같은 예에서 확인해 볼 수 있다:35

Noddings(예, 1984/2013)의 배려론에서는 청자에 의한 수용을 배려의 필수 구현 조건으로 보았다.

35 이하의 논의에서는 몽룡과 춘향을 다양한 개인적, 공식적 가상 관계로 놓고 고려하며 이 경우 존대법 등은 편의상 무시하기로 한다. 또 강효경·오현아(2017)도 남편과 부인 사이의 대화에서 보조용언 '-주다'를 중심으로 유사한 예를 제시한 바가 있다.

〈예문 3.1〉
몽룡: 문이 닫혀있네. 내가 열어줄게.
춘향: 나도 손 있어.

표면적으로 볼 때는 〈예문 3.1〉은 몽룡의 배려를 소위 까칠한 춘향이 거절한 것으로 보일 수 있다. 그러나 〈예문 3.1〉의 춘향이 살아가는 이야기는 페미니스트 단체 회장으로서의 삶 중심으로 전개된다는 점을 알게 되면, 오히려 몽룡의 발화가 페미니스트인 춘향의 살아온 이야기, 그리고 포지션을 배려하지 못한 행위일 수도 있다. 즉, 춘향의 포지션에서는 몽룡의 발화가 배려는 고사하고 오히려 소위 '기사도'로 포장된 남성중심주의 사고의 산물일 수도 있는 것이다.

　이처럼 포지셔닝 이론은 포지셔닝 삼각관계를 중심으로 배려를 논의하는 데에 적합한 체계를 제공할 수 있는 것으로 판단된다. 그러나 Davies & Harré(1990/1999)의 선도적인 연구 이후 해외에서는 포지셔닝 이론을 적용한 연구가 여러 분야에 걸쳐서 진행되었음에도 포지셔닝 이론과 배려를 직접적으로 연결한 연구는 〈예문 3.1〉과 같은 파편적인 예와 짧은 언급 외에는 국내외 모두 희소해 보인다.[36] 이에 이 장에서는 선행 연구 검토의 범위로 포지셔닝 이론을 기반으로 한 국내 연구로 정하고(단 마케팅, 광고학 등은 제외) 그 주제를 안내하는 정도에서 이 장와의 관련성을 확인하고자 한다.

---

36 특히 Harré는 포지셔닝 이론을 적용하여 환경 담론, 외교 담론 등의 다양한 분야에서 협력적 연구를 선도하였다(예, Harré, Brockmeier, & Mühlhäuser 1999; Harré & Moghaddam 2003, 2013; Moghaddam, Harré, & Lee 2008; Moghaddam & Harré 2010 등).

3.2.2 포지셔닝 이론 국내 관련 연구

다양한 분야의 해외 선행 연구와 달리 국내 연구 중에서 Davies & Harré(1990/1999)의 포지셔닝 이론에 기반한 논문은 배려를 벗어나 범위를 넓혀도 그다지 많지 않다. 소수인 이들이 그래도 주로 관심을 기울인 주제는 정체성(identity) 관련 연구로 Cho(2005, 2006), Kim(2016a, b), 정연옥·박용익(2017), Bok & Cho(2018) 등이 있다. 이들은 부분적이지만 소수자나 상대적 약자를 향한 배려의 아쉬움을 언급하기도 한다는 점에서 이 장과의 접점을 일부 찾을 수 있다. 특히 정연옥·박용익(2017)은 간호사가 스스로와 의사의 포지션에 따라 의사의 어떤 발화 행위가 배려적이지 않다고 보는지를 고찰하므로 포지셔닝 이론 중심의 정체성 연구가 배려 연구와 연결될 수 있다는 점도 시사한다.

이에 비해 정체성을 다루지 않은 포지셔닝 연구로는 초등학교 수업 관찰에 포지셔닝 이론을 도구로 활용한 김현욱(2018), '세월호'라는 단어의 포지션의 통시적 변화를 분석한 김정렬(2015), 한 전문대 간호학과에서 영어 수업을 수강하는 소위 만학도 학생들의 포지셔닝을 연구한 Ha(2020, 2021a, 2021b) 등이 있다. 특히 Ha의 연구는 정체성도 배려도 전면에 내세우지는 않았으나, 기관 차원에서의 만학도 학생들에 관한 각종 배려를 해당 학생들과 비(非)만학도 학생들 등이 어떻게 받아들이는지에 관해서도 고찰하고 또 기관 차원에서 배려할 수 있는 점도 제안했다는 점에서 포지셔닝 이론을 기반으로 한 연구가 배려 연구나 정책 제안 등과 연결될 수 있다는 점도 나타낸다. 이들 연구는 정체성과는 별개로 포지셔닝 이론을 활용한 연구가 배려 연구에 연구방법론으로 또 교육론으로 활용될 수 있음을 보여준다는 점에서 이 장에 지평을 제시한다. 이 장은 향후에 기존의 배려 관련 연구를 포지셔닝 이론으로 보완하고, 또 만학도 등의 소수층, 소외계층 배려 언어 사용에도 적용 가능한 연구방법론으로서의 가능성을 고려하는 첫걸음이기 때문이다.

이에 반해 필자의 관련 선행 연구는 포지셔닝 이론을 언어학적 분석에 활용하는 데에 중점을 두었다. 언어 체계적인 면에서는 한방 진료 담화에 나타나는 (비)공손 현상((im)politeness)을 다차원적 포지셔닝으로 보기도 하였고(Kim 2011), 한국어 조사 '-은/-는'을 포지셔닝 장치로 보고 통합적이고 일관된 설명을 할 수 있는 가능성을 제시하기도 하였다(김기태 2010, 2013). 어휘적 면에서는 대중매체 담화에 나타난 '의문의 1패'와 '의문의 1승,' '(강제)소환,' 그리고 '굴욕'이 "관습화된 포지셔닝 촉발 장치"로 기능함을 밝히고, 이를 통해 포지셔닝 이론으로 통시적 의미 변화를 추적할 수 있는 방법론적 가능성도 언급하였다(김기태 2020, 2021a, b). 이들 논문은 배려와 직접적 연관은 없으나 포지셔닝 이론을 통해 다양한 포지션이 생길 수 있음을 보인다는 점에서, 위에서 간략히 소개했고 3.3절에서 상술할 포지션과 배려가 갖는 쌍방향성, 상대성, 다차원성, 유동성, 선택성 등을 설명하는 데에, 또 3.4절에서 살필 포지션과 배려의 발현 모드를 설명하는 데에 필요한 초석을 제공한다.

이 절은 포지셔닝 이론을 언어, 즉 발화-행위 중심 배려 연구에 보완하여 사용할 가능성을 탐색해 보는 시도로, 필자의 선행 연구처럼 포지셔닝 이론을 언어학적 이론 체계로 도입하려는 시도는 아니었다. 그러나 포지셔닝 이론을 통해 언어를 중심으로 배려의 다양한 양상을 포착하고 설명할 수 있는 방법을 검토해 봄으로써 선행 연구를 보완할 가능성을 탐색해 보고 3.5절과 3.6절에서 포스트-구조주의적 담화분석과 비판응용언어학으로 확장할 초석을 다졌다고 할 수 있다. 포지셔닝 이론에 관한 이러한 이론적 바탕을 기반으로 이제 3.3절에서는 본격적으로 배려에 관해 고찰해 보도록 하자.

3.3 포지셔닝의 관점에서 본 배려

이 절은 3.2절에서 간략히 안내한 포지셔닝의 다섯 가지 특성을 좀 더 상술하고, 배려를 이들 특성을 중심으로 탐색해 보고자 한다. 3.2절에서 소개한 것처럼 포지션은 "포지션/발화-행위/살아온 이야기"의 포지셔닝 삼각관계의 한 축으로서만 파악할 수 있고, 우리는 각기 다른 살아온 이야기 속에서 각기 다른 포지셔닝 삼각관계를 계속 형성해 나간다. 그로 인해 포지셔닝 이론은 3.2절에서 간략히 소개한 포지션의 쌍방향성, 상대성, 다차원성, 유동성, 선택성을 전제로 하는데 이들은 배려를 고찰하는 데에 매우 적합하다. 이들 각각을 자세히 살펴보자.

3.3.1 포지셔닝의 관점에서 본 배려의 공시적 쌍방향성

첫째, 포지션은 동일 시간 선상에서 보면 쌍방향으로 동시에 작용하는데, 배려도 쌍방향으로 동시에 작용한다. 우선, 발화-행위는 발화자 자신의 포지션("재귀적(reflexive)"인 "자기(self-) 포지셔닝"과 타인의 포지션("상호작용적(interactive)"인 "타인(other-) 포지셔닝")을 동시에 구축한다(van Langenhove & Harré 1999; Davies & Harré 1990/1999: 37; 아래 3.4.1 참조). 화자가 화자 스스로를 화자로 포지션하면 화·청자의 의도와 무관하게 동시에 청자를 청자로 포지션하게 되고, 화자가 청자를 청자로 포지션하게 되면 역시 화·청자의 의도와 무관하게 동시에 화자 스스로를 화자로 포지션하게 된다. 배려도 마찬가지로 마치 물리학에서의 '작용/반작용'의 쌍과 같이 동시에 쌍방향으로 작동한다. 마치 벽을 손으로 치면(즉, 작용) 벽도 동시에 쌍방향으로 손에 충격을 가하기에(즉, 반작용) 손에 전혀 충격이 없이 벽을 칠 수는 없는 것과 비슷하다.

이러한 쌍방향성을 위의 <예문 3.1>에서 확인해 보자. 몽룡이 스스로를 '배려하는 존재'로 포지션하게 되면 동시에 춘향은 '배려받는 존재'로 포지션 되게 된다. 역으로 몽룡이 춘향을 '배려받는 존재'로 포지션하게 되면 동시에 스스로를 '배려하는 존재'로 포지션하게 된다. 즉, 배려하는 몽룡만 있거나 배려받는 춘향만 있을 수는 없다. 물론 논의의 편의를 위해서나 설득의 우위를 점하기 위해서 어느 한 쪽의 포지션을 강조할 수는 있겠으나 그렇다고 배려의 '작용/반작용'의 쌍방향성을 부인할 수는 없다.

이와 같은 배려의 쌍방향성은 배려 논의에 있어 배려의 주체와 객체를 살피고 그 발화 효과(수용 및 수혜 등)를 고려하는 데에 있어 포지셔닝 이론이 유효하고 유용함을 보여준다.[37] 주의할 점은 포지셔닝 이론 관점에서 배려의 쌍방향성은 참여자들의 의도나 인식과 무관할 수도 있다는 점이다. 이러한 점은 상생화용론과 Noddings의 배려론과 차이가 있다고 볼 수 있다.

---

[37] 5장에서 소개할 Noddings(예, 1984/2013 등)가 지적한 배려하는 자와 배려받는 자 사이의 상호의존성은 포지셔닝의 쌍방향성과 어느 정도 유사하다. 또한 그녀의 '자기 배려'의 개념도 '재귀적/자기 포지셔닝'과 상통한다고 볼 수 있다. 그러나 그녀는 배려받는 자의 응답이 배려를 완성한다고 보는 점에서 포지셔닝 이론과는 궤를 좀 달리 한다.

3.3.2 포지셔닝의 관점에서 본 배려의 수평적 상대성

둘째, 포지셔닝의 공시적 쌍방향성은 같은 발화-행위에 관해서도 포지션도 배려도 상대적으로 다를 수가 있음을 나타낸다. 이러한 상대성의 원인은 크게 두 가지로 그 하나는 이미 3.2절에서 소개한 것처럼, 포지셔닝 삼각관계 상에서 동일 발화-행위에 관해서도 각 참여자의 '살아온 이야기' 혹은 '인생 이야기'가 다르기 때문이며, 다른 하나는 그 안에서 각각의 도의적 책무나 그 이야기에 각기 참여하는 틀(participation framework, Goffman 1981)이 다르기 때문이다. 또 각자 살아온 이야기 속에서 어떤 차원에서든 접점이 있다면 발화-행위에 직접 참여하지 않더라도 상대적으로 다른 여러 가지 포지션이 발생할 수 있다. 그로 인해 근본적으로 포지션과 발화-행위 사이의 일대일대응을 상정하기는 매우 어렵다. 마찬가지로 배려도 이러한 상대성을 갖기에 화자의 배려적 발화-행위 등이 그 의도가 배려였다고 해도 일대일대응으로 배려의 효과가 있을지는 알 수 없다. 상대방은 오히려 정반대로 부담감이나 모욕을 느낄 수도 있지만 전혀 무관한 제3자는 배려라고 판단할 수도 있는 것이다.

이러한 배려의 상대성을 위의 <예문 3.1>을 통해서 확인해 보자. 몽룡은 예를 들어 남성중심주의와 무관하게 독실한 종교인으로서 살아가는 인생 이야기 속의 도의적 책무에 의해 주변 사람을 늘 생각하라고 배우며 살아왔을 수 있다. 그래서 여성인 춘향이 아니라 남성인 변사또라고 할지라도 배려한다며 동일 발화-행위를 했을 수 있다. 이에 비해 춘향은 페미니스트로서 살아가는 인생 이야기 속의 도의적 책무에 의해 몽룡의 포지션에서의 선의를 남성중심주의의 권력 행사로 받아들인 것이다. 더 나아가 이러한 상대성은 연속적으로 다양한 포지션을 일으킨다. 예를 들어 본인도 공주와 같은 배려를 받기를 원하는 춘향의 친구 향단, 딸이 정중한 배려를 받기를 원하는 춘향의 모친 월매, 늘 몽룡의 뒤치다꺼리를 하면서도 라면 한 대접 얻어먹어 본 적이 없다고 볼멘 소리하는 몽룡의 친구 방자, 일은 내팽개치고 연애질에만 신난 몽룡을 자를 기회를 호시탐탐 노리는 몽룡의 상사 등등은 각자 살아온 이야기가 다르고, 그 안에서의 도의적 책무가 다르므로 몽룡의 동일 발화-행위에 관해서도 각기 상대적으로 다른 포지션을 구축하며 배려 여부를 판단할 것이다. 이들은 <예문 3.1>의 연장 선상에 있는 수평적 담화 공간에서 다음과 같은 배려를 구축할 것이다:

〈예문 3.2〉
몽룡: 문이 닫혀있네. 내가 열어줄게.
춘향: 나도 손 있어.
　　　　　　　—
향단: 아! 몽룡이는 춘향이를 정말 공주처럼 많이 배려해. 나도 저런 친구가 있었으면. 부럽다 부러워!
　　　　　　　—
월매: 내 딸 춘향이는 당연히 정중한 대접을 받아야지. 배려는 무슨 배려? 당연히 할 걸 한 거지.
　　　　　　　—
방자: 흥! 칫! 그렇게 내가 챙겨줘도 나한테는 라면 국물 한 방울도 안 주더니? 친구 좀 배려해 봐라!
　　　　　　　—
상사: 오호... 이것 봐라? 하는 일은 할 시간은 1초도 없다면서 여

자친구 따라다니면서 문 열어줄 시중들 시간은 있어? 팀 동료
들 배려는 털끝만큼도 안 하면서!

이처럼 포지셔닝 이론이 강조하는 상대성은 수평적 담화 공간에서 배
려가 갖는 상대성을 효과적으로 조명할 수 있게 한다. 이를 통해 자기와
타인/타존재의 발화-행동을 여러 각도에서 조명하고 성찰할 수 있게 한
다. 이러한 상대성은 3.3.1에서 고찰한 공시적 쌍방향성과 더불어 1장에
서 제기한 배려의 주체 편향의 문제를 해소할 수 있도록 하는 데에 효과
적임을 보여준다.

3.3.3 포지셔닝의 관점에서 본 배려의 수직적 다차원성

셋째, 포지셔닝의 상대성이 수평적 담화 공간에서의 배려의 상대성을
파악하는 데에 도움을 줄 수 있다면, 포지셔닝의 다차원성(multidimensio-
nality, Kim 2011)은 수직적 담화 공간에서의 배려의 상대성을 파악하는
데에 유용하다. 즉 수평적으로 고려했던 참여틀(participation frame-
work, Goffman 1981)을 수직적으로 고려하면 발화-행위 참여자(화자,
청자), 관찰자, 엿듣는 자, 심지어 방관자 등이 동일 차원의 담화 층위에
있지 않아서 서로의 발화-행위는 물론, 서로의 존재조차 잘 알지 못해도
(따라서 발화자의 의도와는 무관하게) 여전히 포지션은 발생할 수 있다.
이와 마찬가지로 배려도 발화-행위 층위에서만 작용하는 것이 아니고 발
화 층위 위와 아래의 여러 층위에서 작용하는 다차원성을 갖는다.

이러한 배려의 다차원성을 위의 <예문 3.1>을 통해서 고찰해 보자.
<예문 3.1>은 담화 상황 층위(situational level)에서의 배려 협상의 예

였다. 그러나 이를 기관/제도 층위(institutional level), 나아가 사회 층위(societal level) 등에서도 충분히 고려할 수 있다(Fairclough 1989). 예를 들어 몽룡은 연인 관계 여부와 무관하게 조직의 상사인 춘향을 배려해서 <예문 3.1>과 같은 발화를 했을 수 있다. 반면에 몽룡의 상사이기도 한 춘향은 연인 관계의 입장에서는 몽룡의 배려를 수용하고 싶었으나 모든 여성 공무원, 나아가 남성중심주의 사회, 더 나아가 남성중심주의 문명에서의 여성들을 배려하여 <예문 3.1>과 같은 발화를 했을 수도 있다. 이 경우 살아가는 이야기는 아래와 같이 전개될 수 있다:

〈예문 3.3〉
몽룡: 문이 닫혀있네. 내가 열어줄게.
춘향: 나도 손 있어.
　　　 배려는 감사하지만 내가 여성 공무원 대표잖아?
　　　 다른 여성 공무원들도 보고 있는데 내가 직접 열어야지.

이 경우, <예문 3.1/3.3>의 담화 층위에 참여하지 않았고 <예문 3.1/3.3>의 존재 여부도 몰랐을 여성 공무원들이나 나아가 남성중심주의 문명에 사는 어떤 여인은 본인도 모르는 사이에 또 그들의 수용 여부와 무관하게 다른 담화 차원에서 배려 받는 위치에 포지션 되게 된다. 이는 아래와 같은 살아가는 이야기 속에서 확인할 수 있다:

〈예문 3.4〉
몽룡: 문이 닫혀있네. 내가 열어줄게.
춘향: 나도 손 있어.

공무원: 우리 대표님이 남성중심적인 기사도를 거부하는 분이셨구
　　　나! 이렇게 우리 목소리를 애써 대변해 주는 분들이 계시
　　　니, 우리 딸아이가 컸을 때는 세계적으로 성차별이 조금이
　　　라도 줄어들겠지?

　이처럼 포지셔닝 이론이 허용하는 다차원성은 협의의 배려뿐만 아니
라, 기관적/제도적 층위의 배려, 사회적 층위의 배려, 나아가 Noddings
의 배려론이나 상생화용론이 밝힌 바처럼 생태적 공간이나 문명의 영역
까지 포함하는 초대인(超對人) 층위까지 확장된 광의의 배려를 포착할
수 있도록 한다.

3.3.4 포지셔닝의 관점에서 본 배려의 통시적 유동성

　넷째, 포지션은 포지셔닝 삼각관계에서 통시성을 갖는 살아가는 이야
기에 맞물려 있으므로 통시적인 관점에서 어느 정도 유동적인데, 배려
도 통시적인 관점에서 어느 정도 유동적이다. 우선 우리의 살아가는 이
야기가 변함에 따라서, 또 도의적 책무가 변함에 따라서 같은 발화-행
위에 대한 포지션도 바뀔 수가 있다. 인간이 살아가는 이야기가 완벽하
게 논리적이고 일관된 것은 아니므로 한 사람의 포지션도 다른 시간에
걸쳐 서로 일관되지 않고 심지어 상충할 수도 있다. 이러한 예로 흔히
드는 것이 '새옹지마'이다. 공시적인 시각에서는 양립하기 어려운 포지
션들이 통시적인 입장에서는 양립할 수 있는 것이다. 이와 유사하게 배
려도 살아가는 이야기 속에서 볼 때 완전히 고정되어 있거나 일관적이
라고 하기 어려울 수 있다. 그래서 지금은 배려적인 발화-행위처럼 보

이는 것이 나중에는 그렇지 않을 수 있고, 반대로 지금은 배려적인 발화
-행위로 보이지 않는 것이 나중에는 배려적인 발화-행위라고 판단할 수
도 있는 것이다.

이러한 배려의 통시적 유동성을 <예문 3.1>의 예에서 찾아보자. 몽룡
은 춘향이 페미니스트였음을 몰랐기에 이를 알게 되고서 <예문 3.5>에
서와 같이 본인의 발화-행위가 배려라 하기 어렵다는 점을 깨달을 수 있
다. 이 경우 아래와 같은 삶의 이야기가 전개될 것이다:

〈예문 3.5〉
몽룡: 문이 닫혀있네. 내가 열어줄게.
춘향: 나도 손 있어. 난 페미니스트니까 내가 직접 문 열어.
몽룡: 아! 그랬구나. 몰랐어. 난 나름대로 널 배려한다고 생각했는
　　　데 네 신조를 몰랐었네. 미안해.

반면에 춘향은 몽룡이 <예문 3.1>과 같이 발화-행동한 것이 남성중심
주의자라서가 아니라 목사인 어머님의 말씀에 따른 독실한 종교적 신념
에서 타인을 배려하고자 했음을 알게 되고서 비로소 <예문 3.1>에서의
그의 발화-행동이 배려였음을 깨달을 수도 있다. 이 경우 두 사람 사이
의 이야기는 아래처럼 전개될 수 있다:

〈예문 3.6〉
몽룡: 문이 닫혀있네. 내가 열어줄게.
춘향: 나도 손 있어. 난 페미니스트니까 내가 직접 문 열어.
몽룡: 아! 그랬구나. 몰랐어. 난 항상 다른 사람을 배려하라고 하신
　　　목사님인 어머님 말씀에 따르려 했어. 네가 여자라서 소위 기

사도란 걸 발휘해서 그런 건 아니야. 남자라도 그렇게 했을
거야.

춘향: 아! 그랬구나. 난 네가 남성중심주의자라 그런 줄로 오해했어.

이처럼 포지셔닝 이론은 시간의 흐름에 따라 어느 정도 일관되지 않고
취소 가능하기도 한 유동적인 배려를 설명할 토대를 제공한다. 또 그럼
으로써 배려가 일회적이고 단발성으로 전달하고 수용함으로 종결되는
것이 아니고 지속적으로 협상하고 성찰하며 스스로와 타인이 노력할 과
정으로 보게 해 주고 또 교육할 수 있는 것으로 보도록 해 준다. 또, 배
려의 이러한 특성은 3.1.2의 선행 연구에서 제기한 배려론이 보편주의
(universalist)를 취해야 하는가, 본질주의(essentialist)를 취해야 하는
가에 관한 질문에도 하나의 잠정적인 답변을 제시할 수 있도록 한다. 즉,
포지셔닝 이론적 관점에서의 배려는 본질주의나 보편주의에 동조한다고
보기는 어렵다. 그렇다고 무한히 유동적이고 상대적이라는 뜻은 물론 아
니다. 도의적 책무에 의해 제약을 받기 때문이다.

3.3.5 포지셔닝의 관점에서 본 배려의 주체적 선택 가능성

다섯째, 포지션은 수용/거부할 수 있고 각각의 경우마다 전체적으로
혹은 부분적으로 선택할 수 있는데, 배려 또한 수용/거부할 수 있고 각
각의 경우마다 전체적으로 혹은 부분적으로 선택할 수 있다. 포지셔닝
이론의 시각에서는 기존의 화행론처럼 화자의 의도만이 무게를 갖는 것
이 아니기에 참여자 각각의 포지셔닝 삼각관계를 구성하는 각자 삶의 이
야기 속 여러 접점에서의 도의적 책무에 따라 공시적, 통시적, 수평적,

수직적 담화 상의 여러 포지션이 발생한다. 참여자들은 여러 포지션 가운데서 주체적으로(agentively) 선택하여 수용하거나 거부할 수 있는데 이때 그 수용이나 거부의 폭은 전체적일 수도 있고 부분적일 수도 있다. 즉, 전체적으로 수용/거부할 수도 있고 부분적으로만 수용/거부할 수도 있다. 이러한 주체적 선택 가능성은 배려에도 그대로 적용할 수 있다. 화자가 어떤 배려 발화-행위를 하더라도 청자는 그를 수용할 수도, 거부할 수도 있다. 또 그 수용이나 거부의 폭도 전체적일 수도 있고 부분적일 수도 있다. 물론 포지션과 배려에 있어 우리의 선택성은 도의적 책무에 제약을 받으므로 무한 자유를 뜻하지는 않고, 많은 경우에 상당한 제약이 있는 것도 사실이다. 그러나 그렇다고 해서 우리가 배려를 모두 수용해야 하거나 모두 거부해야만 하는 것은 아니며, 바로 그렇기에 많은 경우 우리는 배려 협상 과정을 거치며 조정할 수 있는 길을 열 수 있게 된다.

앞서 우리는 <예문 3.1>에서 몽룡 나름의 배려를 춘향이 전면 거부한 사례를 보았다. 그러나 춘향의 선택지에 반드시 이와 같은 전면 거부와 그 정반대인 전면 수용만 있는 것은 아니다. 다음과 같은 선택지들도 얼마든지 가능하다:

〈예문 3.7〉
몽룡: 문이 닫혀있네. 내가 열어줄게.
춘향: 문손잡이가 잘 안 돌아가네. 이것만 돌려주면 될 것 같아.

<예문 3.7>에서의 춘향은 몽룡 나름의 배려하는 포지션과 춘향에게 열린 배려 받는 포지션을 전면적으로 거부하지 않는다. '문손잡이가 잘 안

돌아가니 손잡이만 돌려주면 된다'라고 하는 것은 배려 수행 과정의 처음 부분만 수용하고, 뒷 부분은 거부한 것이다. 이 경우를 다음 예문과 대조해 보자:

〈예문 3.8〉
몽룡: 문이 닫혀있네. 내가 열어줄게.
춘향: 내가 문은 열게 가방 하나만 잠시 들어줄래?

<예문 3.8>에서도 춘향은 몽룡이 배려하는 포지션과 스스로에게 열린 배려받는 포지션을 전면적으로 거부하지는 않는다. 표면적으로는 배려받는 포지션을 거절하는 것으로 보이나, 대안 협상을 통해 배려 행위 수행을 위한 일부 조건만 수용하기를 역제안한다. 즉, 춘향 스스로가 '문을 열기 위해서는 손이 자유로워야 한다'라는 예비 조건(preparatory condition)을 충족시키지 못하고 있으니 그 조건을 충족할 수 있도록 몽룡이 스스로를 재포지션(reposition)할 것을 제안하는 것이다(3.4.2 참조). 이 예비 조건이 충족되면 몽룡이 굳이 문을 열어줄 필요 자체가 없어지고, 따라서 몽룡이 배려하고 춘향이 배려받는 포지션들이 있을 필요가 없어지기 때문이다. 이처럼 배려 행위 수행을 위한 일부 조건만 수용하는 경우를 다음 예문과 대조해 보자:

〈예문 3.9〉
몽룡: 문이 닫혀있네. 내가 열어줄게.
춘향: 말은 고마운데 이 문은 원래 열면 안 되는 문인데?

이 예문에서 춘향은 표면적으로는 배려받는 포지션을 거절하는 것으로 보이나, 역시 전면적으로 다 거부하고 있지는 않다. 우선 그녀의 "말은 고마운데"라는 말은 몽룡 나름대로 배려하는 마음만은 수용한다는 뜻이다. 그리고 "이 문은 원래 열면 안 되는 문인데?"라는 말은 배려 행위 수행은 거절하지만 그 이유가 개인적 사유 때문이라기보다 도의적 책무(출입문 관리 규정 등) 때문이라는 것을 나타낸다(3.4.4 참조). 이 경우 <예문 3.1>에서 본 전면적 거절, 즉 몽룡 나름대로 춘향을 위한다는 마음도, 그 마음을 행위로 수행하는 것도 거절하는 것과는 다르다. 즉, <예문 3.9>는 마음만 수용하고 수행은 거절하는 경우라 할 수 있다.

이들 예문이 보여주는 것처럼 포지셔닝 이론이 허용하는 선택성을 배려의 선택성 설명에도 적용하면 배려를 전적으로 수용하거나 거부해야 하는 흑백논리에서 벗어나게 한다. 배려를 전체적 수용이나 전면적 거부가 아닌 선택적이고 부분적으로 거절하거나 수용할 수 있는 것으로 볼 수 있도록 문을 열어준다는 것은, 3.3.4에서 제시한 통시적 유동성과 더불어, 배려를 일회적이고 단발성으로 마음을 쓰고, 아니면 말고로 끝나는 것이 아니고, 계속 협상 가능한 과정으로 볼 수 있도록 해 준다. 이와 같은 포지셔닝 이론, 나아가 포스트-구조주의적 접근법 전체가 공유하는 반본질주의(anti-essentialist)적 입장은 배려교육에 중요한 지표를 제시한다. 배려를 지속적으로 성찰하고 협상하는 과정으로, 다시 말해 배우고 훈련해야 하는 과정으로 볼 수 있도록 하기 때문이다.

요약하면 포지셔닝 이론은 포지셔닝 삼각관계에 입각하여 포지션의 공시적 쌍방향성, 수평적 상대성, 수직적 다차원성, 통시적 유동성, 또 선택적 취사성을 허용하는데 이러한 포지셔닝 이론의 접근법은 배려의 쌍방향성, 상대성, 다차원성, 유동성, 선택성을 효과적으로 설명할 수 있다. 그뿐만 아니라 기본적으로 다양한 포지션을 허용하는 포지셔닝 이론은 다양한 배려 협상 경로와 가능성을 이론적으로 허용함으로써 배려를 단발성 "마음을 씀"이나 언어적 표현이 아니고 스스로와 타인, 그리고 타존재 등 모두에 있어 지속적으로 성찰, 노력, 협상해야 하는 과정으로 보도록 함으로써 각종 교육에 활용될 가능성도 제시한다. 이러한 포지셔닝과 배려의 특성을 바탕으로 다음 절에는 포지셔닝 모드를 기반으로 하여 배려의 발현 모드를 파악해 보도록 한다.

3.4 포지셔닝의 관점에서 본 배려의 발현 모드

포지셔닝은 몇 가지의 모드(mode)로 분류되는데(van Langenhove & Harré 1999; 루치우스-회네·데퍼만 2011), 이 절은 van Langenhove & Harré(1999)의 분류 중심으로 배려의 발현 양상을 보여줄 수 있는 모드 다섯 가지를 소개한다.[38]

3.4.1 대상에 따른 포지셔닝 모드와 배려의 모드

앞서 3.3절에서 소개한 것처럼 포지셔닝은 대상에 따라 '자기 포지셔닝(self-positioning) 모드'와 '타인 포지셔닝(other-positioning) 모드'

---

[38] 편의상 각각의 포지셔닝 모드를 독립적으로 논한다. 그러나 포지셔닝 모드는 반드시 한 번에 하나씩만 나타나는 것이 아니라 여러 모드가 한 번에 나타나기도 한다. 배려도 유사한 것으로 보이나, 향후 추가적인 연구가 필요해 보인다.

로 나타날 수 있다.[39] 같은 맥락에서 배려도 '자기 배려 모드'와 '타인 배려 모드'로 나타날 수 있다. 일반적으로 배려라고 하면 타인 배려 모드만을 떠올리나, Noddings(예, 1984/2013) 등의 논의에서 자기 배려 없는 타인 배려의 가능성에 의문을 던진다는 점을 고려하면, 나아가 박창균(2016)은 자기 배려 없는 타인 배려에 매우 회의적이라는 점을 고려하면 자기 배려도 간과해서는 안 되는 배려 모드라 할 수 있다.

이와 같은 대상에 따른 배려 모드를 <예문 3.1>에서 살펴보자. 첫째, 몽룡의 발화-행위는 표면적으로 또 명시적으로 춘향을 타인 배려한 것으로 보인다. 반면에 표면적으로 드러나지는 않지만 일반적으로는 소위 이미지 관리, 기사도와 같은 자기 배려도 한다고 할 수 있다.

둘째, 춘향의 발화-행위는 페미니스트로서 자기 배려인 것은 확실하다고 할 수 있다. 반면에 몽룡을 타인 배려를 했다고 할 수 있을지는 해당 담화만으로는 확실하지 않다. 이때 세 가지 가능성을 고려해 볼 수 있다.

우선, 춘향의 자기 배려 모드가 매우 강할 수 있다. <예문 3.1>이 주는 첫인상처럼 춘향은 몽룡의 타인 배려를 정색하고 전면 사양하는 데에만 중점이 있었을 수 있다. 그렇다면 춘향은 아무런 배려도 없었다기보다는 몽룡을 향한 타인 배려보다 스스로를 향한 자기 배려가 매우 강했다고 봐야 할 것이다. 이는 "너는 네 생각만 해?"라는 일상적 불평이 '다른 사람의 입장, 즉 포지션을 생각하지 않는다'라는 뜻으로 사용된다는 것

---

39 3.3절에서 짧게 언급한바, 유사한 개념으로 재귀적 포지셔닝(reflexive positioning)과 상호적 포지셔닝(interactive positioning) 모드를 들 수 있는데, 이들은 자기-타인 포지셔닝과 완전히 같지는 않으나 이 장의 논의를 위해서는 서로 대체 가능한 것으로 간주한다.

에서도 알 수 있다. 즉 춘향은 자기 배려만 하고 타인 배려는 안 했다고 볼 수 있고, 이 경우 몽룡은 춘향이 자기 생각만 한다는 불평을 할 수도 있는 것이다.

그러나 반대로 겉보기와 달리 춘향은 타인 배려 모드에 있을 수 있다. 만약 춘향이 몽룡이 손을 다쳐서 문을 열면 통증이 있다는 몽룡이 살아온 이야기를 알고 <예문 3.1>처럼 발화했다면 춘향은 까칠해 보이는 것과 달리 오히려 타인 배려를 한 것이다. 이 경우 <예문 3.1>은 아래처럼 살아온 이야기를 반영해서 전개될 수 있다:

〈예문 3.10〉
몽룡: 문이 닫혀있네. 내가 열어줄게.
춘향: 나도 손 있어.
　　　너 얼마 전에 손 다쳤었다면서? 다 나았어?
　　　마음은 고맙지만 그러다 통증이 심해지면 내 마음도 아파져.

이 두 가능성에 비해 춘향은 자기 배려와 타인 배려를 부분적으로 수용하고 협상할 수도 있다. 이 경우, <예문 3.11>에서처럼 춘향은 몽룡의 자기 배려와 타인 배려를 부분적으로라도 수용함과 동시에 춘향 스스로의 자기 배려와 몽룡을 향한 타인 배려를 동시에 이룰 수도 있다:

〈예문 3.11〉
몽룡: 문이 닫혀있네. 내가 열어줄게.
춘향: 네가 내 편의를 생각해서 기사도를 발휘해 줘서 고마워.
　　　그런데 나는 페미니스트거든.
　　　그래서 나는 내가 직접 문을 여는 것이 마음이 더 편해.

그렇게 하면 어떨까?

즉 구체적으로 "네가 내 편의를 생각해서... 고마워"는 몽룡의 타인 배려 부분 수용, "기사도를 발휘해 줘서"는 몽룡의 자기 배려 부분 수용, "나는 페미니스트거든. 그래서 나는 내가 직접 문을 여는 것이 마음이 더 편해"는 춘향의 자기 배려, "그렇게 하면 어떨까?"는 춘향의 타인 배려와 배려 협상 제의라 볼 수 있다. 이처럼 춘향은 자기 배려와 타인 배려를 전면적으로 수용하거나 거절하는 것이 아니라 부분적으로 수용하며 협상할 수 있는 것이다.

이처럼 배려를 '자기 배려 모드'와 '타인 배려 모드'로 봄으로써 1.1절에서 제기했던 배려 주체 편향의 문제를 극복하고 3.3절에서 고려한 포지셔닝과 배려의 쌍방향성, 상대성, 선택 가능성 등을 고려할 수 있게 한다. 이를 통해 배려를 협상을 통한 과정으로 이해할 수 있도록 한다는 점에서 배려교육 등에 함의하는 바가 크다.

3.4.2 포지셔닝과 배려의 담화 위치에 따른 모드

포지셔닝은 담화 내외에서의 위치에 따라 동일 담화 내에서 발생하는 '1차적(first-order) 모드', 1차적 모드 포지셔닝을 전체적으로나 부분적으로 거부할 때 발생하는 '2차적(second-order) 모드', 그리고 원래 담화 밖에서 해당 담화를 논할 때 발생하는, 즉 담화에 관한 담화에서 발생하는 '3차적(third-order) 모드'로 분류할 수 있다. 같은 방법으로 배려도 담화 위치에 따라 분류해 볼 수 있다. 단, 대인 차원을 넘어서는 광의의 배려에서는 그 모드 논의를 위해서 좀 더 범위를 확장하여 수직적 다차원성(3.3.3)을 적극적으로 감안해야 할 수 있다.

이를 <예문 3.1>의 대인 담화 상황 차원을 중심으로 살펴보자. 첫째, 몽룡이 춘향에게 문을 열어주겠다고 한 것은 대인 사이의 1차적 모드 배려이다. 춘향이 이를 수용하였으면 해당 배려 행위는 그대로 종결되었을 것이다.

둘째, 그러나 춘향이 이를 거부함으로 인해 2차적 포지셔닝이 발생하는데, 같은 방식으로 2차적 배려도 발생한다. 앞서 본 <예문 3.7>~<예문 3.11>은 모두 2차적 배려의 예이다. 그러나 이때 2차적 배려가 발생하기는 하지만 앞서 3.4.1에서 논의한 것처럼 이 2차적 배려가 반드시 타인 배려라는 보장은 없다. 춘향의 2차적 배려는 자기 배려에 더 중점이 있을 수도 있고, 만약 춘향이 몽룡이 손을 다쳐서 문을 열 때 통증이 있다는 것을 미리 알고서 <예문 3.10>과 같이 발화하여 몽룡을 배려하고자 했다면 타인 배려에 더 중점이 있을 수도 있다. 또 3.3.5에서 배려의 주체적 선택 가능성을 검토한 <예문 3.7>~<예문 3.9>가 보여준 것처럼 춘향이 몽룡의 1차적 배려의 일부만 거부하면서 재배려를 요청하는 형태로 2차적 배려 모드를 촉발할 수도 있다. 즉 몽룡의 1차적 배려를 전체적으로든 부분적으로든 거부하면서 발생하는 자기 배려 혹은 타인 배려이므로 2차적 배려인 것이다.

셋째, 이러한 <예문 3.1>의 담화 내에서 발생하는 배려를 벗어난 담화에서 <예문 3.1>에 관해 발생하는 배려는 3차적 배려 모드이다. 예를 들어서 <예문 3.1>의 담화에 직접 참여하지 않은 변사또가 문이 너무 여닫기 어려워서 <예문 3.1>과 같은 대화가 있었다는 보도를 듣고 자동문을 설치하도록 아래처럼 배려하였다면 이는 3차적 모드의 배려이다:

〈예문 3.12〉

몽룡: 문이 닫혀있네. 내가 열어줄게.

춘향: 나도 손 있어.

―

보도: 해당 시설의 문이 너무 여닫기 어렵다는 민원이 제기된 지는
오래 되었다고 합니다. 최근에는 그 문 때문에 두 사람이 싸
우다 입건되기도 하였다고 합니다.

―

변사또: (보도를 듣고)
빨리 그 문을 사람들뿐만이 아니라 반려동물도 편하게 다
닐 수 있도록 자동문으로 바꾸도록 하십시다!

변사또는 〈예문 3.1〉의 담화에는 직접 참여하지 않았다. 또 이미 종료된
〈예문 3.1〉의 담화에 직접 참여할 수도 없다. 그렇기에 해당 담화 참여
자인 몽룡이나 춘향은 물론이고 나아가 그 문으로 다니는 다른 사람들이
나 반려동물 등의 타인/타존재 배려할 도의적 책무도 없다.[40] 그러나 그
러한 〈예문 3.1〉 담화 밖의 그가 〈예문 3.12〉와 관련하여 타인 배려를
수행하며 또 아마도 아울러 (자기만족, 직무 평가 관리 등의) 자기 배려
도 수행할 수 있는데 이것이 바로 3차적 배려 모드이다.

이처럼 담화에서의 위치에 따라 포지셔닝 모드를 분류할 수 있는 것처
럼 배려의 모드도 분류할 수 있다. 이처럼 담화 안팎에서의 위치에 따라
배려 모드를 파악함으로써 담화 상황 안의 대인 배려와 담화 밖에서 대

---

40 물론 해당 시설물이 변사또가 관리 책임이 있는 공공시설물이라면 그에게 관리 책임의
도의적 책무가 있다.

인 접촉 없이도 발생하는 언론 매체, 제도, 자연, 문화, 문명 등에서의 초대인(超對人) (무)배려도 포착할 수 있게 한다. <예문 3.12>에서 변사 또가 "반려동물"도 배려한 것과 같이 사람과 사람을 넘는 다차원적인 배려도 효과적으로 설명할 수 있는 인식론적 체계의 하나가 되기 때문이다.41

3.4.3 포지셔닝과 배려의 수행적 모드와 설명적 모드

담화 상의 위치와 밀접한 포지셔닝 모드로 '수행적(performative) 포지셔닝'과 '설명적(accountive) 포지셔닝'이 있다. 담화 내의 1차적 포지셔닝에서 화자의 발화-행위가 스스로에게나 타인에게 수반 효과(perlocutionary effect)를 야기하면 수행적 포지셔닝이다. 이와 달리 1차적 포지셔닝에 관해 해당 담화 내부에서나 외부에서 이야기하면 화행적 수행이라기보다는 해당 화행에 관한 설명에 가까우므로 설명적 포지셔닝이다.42 배려도 발화-행위 등을 통해 구체적으로 발현된다는 점에서, 이를 배려에도 적용해 '수행적 모드'와 '설명적 모드'를 구분할 수 있다.

이러한 배려 모드를 <예문 3.1>을 중심으로 살펴보자. 우선 진행 중인 <예문 3.1>의 담화 상에서 몽룡의 1차적 발화-행위와 그에 대한 춘향의

---

41 이러한 3차적 배려 모드로 흔한 예는 언론 매체 등이 전하는 소위 연예인 '미담' 보도를 들 수 있다. 3.4.3의 설명적 배려 모드 참조.
42 이 두 모드를 배려에 적용하는 것은 어떠한 수반 효과를 논의하느냐, 그 수반 효과를 얼마나 수용해야 하느냐 등과 관련해서 다른 포지셔닝 모드들에 비해 앞으로 좀 더 고민과 논의가 필요해 보인다. 그러나 이 두 가지 모드의 배려가 다르며 이를 구분하는 것이 배려 파악에 도움을 준다는 점을 보이는 데에는 큰 무리가 없다.

2차적 대응은 수행적 모드에서 발현되는데, 그 수반 효과를 살펴보자. 몽룡의 발화-행위는 3.3.5와 3.4.2에서 고찰한 바와 같이 그대로 수용될 수도, 춘향에 의해 전체적으로 자기 배려 모드나 타인 배려 모드로 수용/거부될 수도, 또 선택적으로 수용/거부될 수도 있다.[43] 이때 포지셔닝과 배려의 상대성(3.3.2)을 고려해 몽룡과 춘향의 배려를 각각 수반 효과면에서 고찰해 보자. 첫째, 몽룡의 포지션에서는 그의 배려 발화-행위를 춘향이 전부나 일부 수용하지 않았더라도 <예문 3.1>의 1차적 포지셔닝으로 그의 '배려하는 마음'은 나름 전달하는 수반 효과를 달성했다고 할 수 있다.[44] 다시 말하면 수행적 모드의 배려는 기본적으로 화자 중심의 1차적 배려를 논하므로 청자의 수용 여부보다는 화자의 배려 발화 수반 효과에 중점을 두게 되는데 바로 그런 경우라 하겠다.

둘째, 그러나 박창균(2016) 등의 연구도 지적했고 이 장도 앞서 3.3.1에서 배려의 쌍방향성을 강조한바, 배려는 화자 중심으로만 그 수반 효과를 살피는 것에 무리가 있다. 그러므로 춘향에게 발생하는 수반 효과의 관점에서도 몽룡의 발화를 함께 검토해야 한다. 이 경우 춘향의 포지션에서 볼 때도 몽룡의 배려 발화-행위를 전부 수용할 수도 있으나, 일부를 수용하지 않았더라도 그의 '배려하는 마음'이라도 받는다면 물론 부분적이나마 수반 효과가 발생했다고 할 수 있다. 즉, 배려 수행으로는 이어지지 못했더라도 춘향은 아래의 답변들은 몽룡을 발화가 수반 효과가 있음을 나타낸다:

---

43 물론 춘향이 완전히 듣지 못해 소통 자체가 실패하는 경우는 논외로 한다.
44 배려와 그 명제 조건, 상호의존성 등이 정반대에 가까운 '협박'의 경우를 고려해 보면 몽룡의 포지션에서 볼 때 배려의 수반 효과를 인정할 수 있다.

〈예문 3.9〉: "말은 고마운데"

〈예문 3.10〉: "마음은 고맙지만"

〈예문 3.11〉: "네가 내 편의를 생각해서"

이에 비해 춘향이 몽룡의 배려 발화-행위를 생색내기, 오지랖, 남성중심주의의 표상, 남성 권력의 과시, 나아가 여성 비하나 남성의 폭력으로까지 포지션할 수 있다. 이 경우조차도 발화-행위의 수반 효과가 발생하지 않은 것은 아니다. 발생하기는 하지만 부정적이거나 선호되지 않는 (dispreferred, Pomerantz 1984) 수반 효과가 발생한 것이다. 물론 이는 일반적으로 받아들여지는 배려의 긍정적이며 선호되는(preferred) 수반 효과와는 거리가 먼 것은 사실이다. 그러나 실생활에서 배려의 수반 효과와 관련해서 "나는 너를 배려해서 애썼는데 너는 왜 내 마음을 몰라주느냐?"-"그게 무슨 배려냐?"와 같은 종류의 분쟁은 매우 흔히 접할 수 있다는 것을 생각한다면, 수반 효과가 발생하느냐 발생하지 않느냐와 그 수반 효과가 선호되는 것이냐 아니냐는 다른 문제라는 것을 알 수 있다.

이런 점에서 배려의 수반 효과를 청자의 수용이나 긍정적이고 선호되는 수반 효과로만 한정하는 것은 배려 현상을 설명하려는 노력이라기보다 규범적 접근일 수도 있음을 포지셔닝 이론은 시사한다. 그러므로 수행적 배려 모드의 선호 수반 효과와 비선호 수반 효과를 구분하고 고려하는 것은 배려를 한 참여자 중심으로 일회성의 결과를 중심으로 규범적으로만 파악하기보다 양측 사이의 지속적인 협상 과정으로 볼 수 있게 함으로써 향후 배려 연구, 교육 등에 공헌할 수 있을 것으로 보인다.

지금까지 수행적 배려 모드에 관해서 논의했는데, 이제 설명적 배려 모드를 고찰해 보자. <예문 3.1>에서 몽룡의 담화 내의 1차적 배려 모드에 관해 해당 담화의 내부에서나 외부에서 이야기할 수 있다. 이 경우에는 화행적 수행성보다는 해당 배려에 관해 이야기하거나 보도하는 데에 중점을 두므로 설명적 배려 모드이다. 우선 춘향과 몽룡이 <예문 3.1> 이후에 계속 대화하면서 <예문 3.1>에 관해 말하거나 시간이 지난 후 다른 담화에서 <예문 3.1>에 관해서 말하는 경우는 스스로들을 지칭하며 1인칭 대명사는 유지할 수 있으나 시제가 과거형으로 바뀌므로 스스로의 배려 담화에 관한 이야기로 역시 설명적 모드가 된다. 이러한 경우는 아래의 예문에서 볼 수 있다:

〈예문 3.13〉
몽룡: 문이 닫혀있네. 내가 열어줄게.
춘향: 나도 손 있어.

―

(몇 시간 후)
몽룡: 아까 내가 널 배려해서 문 열어준다고 했어. 그런데 네가 까
      칠하게 거절하더라. 무슨 일이 있나 싶었어.
춘향: 그랬구나. 난 페미니스트로서 그렇게 말한 거였어.

이 경우 같은 참여자들이 참여하나 그들 사이의 과거 담화에 관한 이야기이므로 수행성이 있지는 않다. 따라서 설명적 배려 모드이다.
　또 앞선 3.4.2의 <예문 3.12>에서 3차적 배려 모드의 예로 <예문 3.1>에 참여하지 않은 변사또가 해당 담화에 관한 보도를 듣고 자동문을 설치하는 사례를 들었다. 이때 그 보도를 낸 기자인 방자는 <예문 3.1>을

출입 접근성 취약자 등을 위한 기사 등의 일환으로 보도할 수 있다. 이러한 보도 속에서 몽룡과 춘향의 화행은 3인칭 과거형으로 설명의 일부가 될 뿐이다. 진행 중인 <예문 3.1> 속에서처럼 두 사람이 1인칭 현재형으로 배려의 수반 효과를 확인할 수 있지는 않다. 따라서 그러한 보도의 배려는 설명적 모드에서 발현한다. 같은 맥락에서 변사또가 <예문 3.1>의 몽룡의 발화를 행정공무원 배려 발화-행위의 우수 사례로 든다면 이는 몽룡의 발화-행위 자체의 수반 효과와는 무관하게 담화에 관한 보도로서의 설명적 배려 모드가 작동한 것이다.

이처럼 설명적 배려 모드는 수평적으로나 수직적인 담화 공간에서 접점이 적거나 없어서 1차적 모드 중심의 수행적 배려로는 설명이 어려울 수도 있는 교육기관이나 언론 매체 등의 기관적 배려, 제도적 배려, 사회적 배려, 생태적 배려 등도 효과적으로 설명할 수 있게 하는 이론적 장점이 있다. 즉, 보통 언론 매체 등의 보도 등은 보도 내용상의 이야기에 직접 참여하는 참여자는 아니다. 그러나 아무런 보도도 없는 것에 비해 그 보도, 설명, 이야기하는 것 자체가 바로 배려 모드로 작동할 수가 있는 것이다.

3.4.4 포지셔닝과 배려의 도의적 모드와 개인적 모드

포지셔닝은 제도, 규범, 관습, 도덕 등 도의적(moral)인 차원에서 제기될 수도 있고 매우 개인적(personal)인 차원에서 제기될 수도 있다. 이와 마찬가지로, 배려도 도의적 모드와 개인적 모드로 발현할 수 있다.[45]

<예문 3.1>의 담화는 몽룡이 춘향을 위한 배려 발화-행위가 개인적인

모드에서 발현한 예이다. 그러나 이들의 살아온 이야기의 수평적, 수직적 접점에 있어 도의적 모드와 개인적 모드가 발현할 수 있고 때로는 이 둘, 혹은 그 이상이 상충하여 양자 선택해야 할 수도 있다. 예를 들어 이미 앞에서 언급한 것처럼 춘향과 몽룡이 직무상 상사와 부하 직원의 관계라면 (개인적 연인 관계 여부와 무관하게) <예문 3.1>에 관한 이해는 상당히 달라진다. 예를 들어 몽룡이 수행원으로서의 의전 의례에 의한 도의적 책무에 의해 <예문 3.1>의 배려 발화–행위를 한 것이라면, 대통령 춘향의 <예문 3.1>의 발언은 의전 의례에 따라 예측되는 도의적 책무에 따르는 배려 발화–행위를 거부한 것이므로 몽룡을 포함하는 다른 수행원들을 매우 난처하게 할 수 있다. 이 경우 춘향은 순수하게 페미니스트로서의 개인적 배려 모드를 강조하여 <예문 3.1>과 같이 발언했을 수도 있고, 페미니스트 단체의 임원으로서 다른 여성 회원을 대표하는 도의적 배려 모드를 강조하여 <예문 3.1>과 같이 발언을 했을 수도 있다. 이렇게 개인적 모드에서의 배려와 도의적 모드에서의 배려가 한 담화 공간에서 상충하기도 하므로 소위 "공식적 입장이 아닌 개인적 사견"이라는 해명이 따르기도 하는 것이다.

이와 같은 도의적 모드의 배려와 개인적 모드의 배려가 상충하는 경우는 배려의 주체가 단체인 경우, 더욱 두드러질 수 있다. 예를 들어 몽룡이 임원인 종교 봉사단체는 <예문 3.1>의 경우처럼 누구에게나 친절한 것을 도의적 배려로 규정하였으나 몽룡은 임원임에도 페미니스트 여자 친구가 있어 개인적으로 <예문 3.1>과 같은 발화–행위를 배려라고 여기지 않을 수 있다. 이처럼 기관, 사회, 국가 등 배려의 주체가 개인이

---

45 3.3절의 배려의 상대성(3.3.2)과 다차원성(3.3.3)에서도 일부 소개하였다.

아닌 단체인 경우, 실제로 전원 합의를 전제로 하기 어려우므로 구성원 일부는 단체의 배려에 동의하지 않는 억지 배려를 하게 되거나 나아가 개인적 배려 모드를 선택하여 단체의 도의적 책무 전체나 일부를 거부하게 되기도 한다. 바로 이러한 배려 모드의 차이가 바로 1.2절에서 제기한 복수나 대중 배려 주체 간의 합의의 문제가 발생하는 원인이 되기도 하는 것이다.

이처럼 도의적 배려 모드와 개인적 배려 모드를 구분해 활용하면 여러 담화 층위에서 서로 다른 양태의 배려가 병존하거나 상충하기도 하며 이는 어려운 선택 문제로 이어진다는 점을 효과적으로 설명할 수 있다. 또, 두 배려 모드를 구분함으로써 서로 다른 포지션이 병존하거나 상충할 수 있음을 인정하게 함으로써 오해의 소지를 줄이고 상호 소통의 폭을 넓힐 수 있다.

3.4.5 포지셔닝과 배려의 암묵적, 고의적, 그리고 강제적 모드

포지셔닝은 암묵적일(tacit) 수도 있고 의도적일(intentional) 수도 있는데 배려도 암묵적일 수도 있고 의도적일 수도 있다. 또한 의도적 포지셔닝은 강제(forced) 모드와 고의(deliberate) 모드로 구별되는데 배려도 강제 모드의 배려와 고의 모드의 배려로 구별해 볼 수 있다.[46]

첫째, 담화 내의 1차적 배려는 <예문 3.1>에서 본 것처럼 대체로 암묵적 모드의 배려이다. 심지어는 아무런 발화 없이 문을 열어주는 행위만

---

46 단, 이 경우의 배려 모드들은 청자의 수용을 얼마나 전제하는지에 따라서 논란이 있을 수 있다(Noddings 1984/2013, 고미숙 2015, 박창균 2016 등).

으로도 몽룡은 춘향을 배려한다는 것을 암묵적으로 나타낼 수 있다. 이에 반해 2차적, 3차적 배려는 이러한 1차적 배려에 대해 의도적으로 전체적이나 부분적으로 거부하고 재협상을 요구하거나(2차적; 3.3.5의 <예문 3.7>~<예문 3.9>에서 춘향의 선택적 거부/수용 예 참조), 해당 담화 밖에서 의도적으로 배려하는 경우이다(3차적; <예문 3.12>에서 변사또의 문 수리 예 참조).

둘째, 포지셔닝의 경우처럼 의도적 모드의 배려는 고의 모드와 강제 모드로 구별해 볼 수 있다. 우선 고의 모드 타인 배려의 예는 요즘 대중매체에 종종 등장하는 "돈쭐내기"일 것이다.[47] 이는 담화 내의 1, 2차적 배려에 대해 담화 외부의 네티즌이나 독자들이 고의로 보내는 타인 배려이다. 이처럼 고의 모드 배려는 대중매체 담화에서의 배려나 불특정 다수에 의한 배려 등을 설명하는 데에 효과적이다. 이에 비해 강제 모드 배려의 예는 소외계층이나 취약계층을 위한 강제 보호 조치 등을 들 수 있다. 예를 들어 몽룡이 극심한 알코올 중독증이 있어 생명이 위독함을 감지한 판사 춘향이 몽룡의 뜻에는 반하지만 관련 규정에 의거해 강제로 그를 보호시설로 보낸다면 이는 강제 모드 타인 배려이다. 또한 이때 몽

---

47 "돈쭐내다"는 "돈으로 혼쭐내다"는 말로 선행 등의 타인 배려를 한 사람(보통 제3자)에게 돈으로 감사나 칭찬을 표시하는 타인 배려의 한 방식을 지칭한다. 예를 들어 춘향이 피자 가게 주인인데 어린 딸과 어렵게 살아가는 몽룡의 딸이 피자를 먹고 싶어 한다. 몽룡은 춘향에게 상황을 설명하고 돈이 없으니 라지(large) 한 판만 외상으로 주면 나중에 돈이 생기는 대로 갚겠다고 요청한다. 이를 들은 춘향이 몽룡에게 피자 두 판을 보내며 "피자가 조금 찌그러졌는데 버리기엔 아깝습니다. 혹시 괜찮으시면 따님과 함께 잡숴주시면 감사하겠습니다. 언제라도 따님이 피자를 먹고 싶다고 하면 비용 걱정 마시고 편히 오시면 드릴게요"라고 적어서 보낸다. 이 소문이 퍼지자 배달도 불가능한 전국 각지에서 춘향의 가게에 주문을 넣으며 "돈쭐나세요. 피자는 보내지 마세요"라고 한다.

룡은 원하지 않아도 자기를 배려할 수밖에 없는 강제 모드 자기 배려를 수행하게 된다.[48] 이처럼 강제 모드 배려는 기관, 제도, 법률 등에 의한 배려를 설명하는 데에 효과적이다.

이처럼 배려를 포지셔닝의 관점에서 암묵적 모드, 의도적 모드, 그리고 고의적 모드, 강제적 모드로 파악할 수 있다. 이를 통해 대인 담화에서의 배려를 넘어 대중매체나 불특정 다수에 의한 배려나 기관, 제도, 법률 등에 의한 배려를 효과적으로 설명할 수 있다. 나아가 이런 종류의 담화에서 배려적 언어로 긍정적 수반 효과를 추구하면서도 부정적 수반 효과는 피하도록 사회언어학적 노력을 기울일 수 있게 한다. 이처럼 3.4절은 포지셔닝 이론의 시각에서 배려를 고려하며 배려가 구현될 수 있는 여러 모드를 상세히 살펴보았다.

3.2절부터 3.4절까지는 포지셔닝 이론의 시각에서 배려를 자세히 고찰하였다. 포지셔닝 이론과 선행 연구를 소개하고, 포지셔닝과 배려의 다섯 가지 특징과 다섯 쌍의 모드를 살펴보았다. 이를 통해 배려를 포지셔닝 이론 관점에서 바라봄으로써 1장에서 제기한 네 가지 문제를 명시적으로 언급하고 다룰 수 있었다. 포지셔닝 관점에서의 배려는 공시적으로 쌍방향적이고, 수평적으로 상대적이고, 수직적으로 다차원적이며, 통시적으로 유동적이며, 전체적으로 혹은 부분적으로 선택이 가능하기 때문이다. 첫째, 공시적으로 쌍방향적이고, 수평적으로 상대적이므로 배려 주체 편향이 있을 수 없고 근본적으로 참여자들이 있을 뿐이다. 둘째, 전

---

48 이와 같은 강제 모드 배려는 청자의 수용 여부를 배려의 테스트로 볼 수 있는지에 관해 의구심을 남긴다.

체적으로 혹은 부분적으로 선택 가능하므로 복수나 대중 배려 주체 간의 (미)합의의 문제도 근본적으로 인정하고 설명할 수가 있다. 셋째, 근본적으로 수직적으로 다차원적이므로 공간적 단차원성의 문제도 이론 내적으로 허용하지 않고, 초대인(超對人) 배려와 같은 인식론적 체계도 가능하도록 한다. 넷째, 통시적으로 유동적이므로 시간적 단차원성의 문제도 살아가는 이야기를 통한 포지셔닝 삼각관계 속에서 이론 내적으로 해결이 가능하며 본질주의적 접근법에 회의를 갖도록 한다. 이처럼 포지셔닝 이론의 시각에서의 배려는 일회성의 "마음을 씀"과 그 마음을 "수용함"이 아닌 지속적인 성찰과 협상을 하는 과정으로 볼 수 있도록 허용하여 교육이나 훈련에 더욱 중요성을 부여할 수 있게 하였다.

이러한 장점은 배려를 포지셔닝 이론의 시각에서 접근할 때만 가능한 것은 아니다. 이에 3.5절과 3.6절은 이러한 접근법을 확장하여 포스트-구조주의적 담화분석과 비판적 응용언어학의 시각에서 배려에 접근해본다.

3.5 배려의 포스트-구조주의적 담화분석으로의 확장

배려는 3.2절에서 3.4절까지 상세하게 고찰한 것처럼 포지셔닝 이론의 관점에서만 아니라 좀 더 확장하여 포스트-구조주의적 담화분석의 관점에서 고찰할 수 있다. 물론 포스트-구조주의를 상세히 안내하는 것도 이 절의 범위를 크게 벗어나며, 포지셔닝 이론과 포스트-구조주의 담화분석의 관계는 더 깊은 고찰과 논의가 필요할 것이다. 그러나 이 책에서는 적어도 두 분야가 두 가지 점에서 호환적이며 보완적이라 본다. 첫째,

포지셔닝 이론을 선도한 Davies & Harré(1990/1999) 스스로가 그들의 이론이 포스트-구조주의, 특히 페미니스트 포스트-구조주의적 접근에 상응하는 점이 있음을 여러 번 밝힌 바가 있다. 둘째, 최근 Angermuller(2020: 242-243)도 포지셔닝 이론을 포스트-구조주의와 궤를 같이하는 분야의 하나로 언급하였다.[49] 특히 그는 포스트-구조주의가 언어 중심으로 다양한 문제에 접근하여 어떻게 담화적 실행(practice)으로 언어적, 사회적 구조가 구성되게 되는가에 중점을 둔다는 점을 강조한다. 이는 배려를 포지셔닝 이론을 바탕으로 언어 중심으로 접근하여 지속적인 성찰과 협상을 하는 과정으로 파악한 3.2절에서 3.4절까지의 접근법에서 크게 다르지 않다.

이런 점에서 이 절은 포지셔닝 이론의 관점에서 상세하게 검토한 배려의 개념을 확장하여 포스트-구조주의적 접근법의 관점에서 고찰하되, 개괄적, 나열식 소개보다는 지금까지 제기한 질문들에 유기적으로 연결되면서도 보완적이고 확장적인 세 가지 측면에 중점을 두고 고찰하고(Angermuller 2020, Baxter 2003), 다른 관련 사항은 3.6절에서 소개하려 한다. 이에 이 절에서는 우선 반본질주의(anti-essentialist)적 구성주의(constructivist) 시각에서 배려를 고찰해 본다(3.5.1). 이어 상호텍스트성(intertextuality)에 따른 배려의 불확정성을 논하고(3.5.2), 마지

---

49 한 가지 이유를 더 추가하자면, 페미니스트 포스트-구조주의 담화분석(Feminist Post-structuralist Discourse Analysis, 혹은 FPDA)을 주창한 Baxter(2003)의 저술은 그 제목이 *Positioning gender in discourse*로, 포지셔닝 이론을 소개하거나 논의에 반영하지는 않지만, 포지션을 자주 언급한다. 이는 물론 영어 표현에 기인하기는 하지만, 앞서 소개한 포지셔닝 이론과 포스트-구조주의 담화분석이 서로 상통하는 접근법을 취한다는 것을 단적으로 보여준다고 하겠다.

막으로 포스트-휴머니즘의 인식론을 통해 초대인(超對人)적 배려에 관해 논하도록 한다(3.5.3).

3.5.1 반본질주의적 구성주의 시각에서의 배려

첫째, 포스트-구조주의적 접근법은 반본질주의(anti-essentialist)적, 혹은 반보편주의(anti-universalist)적, 그리고 구성주의(constructivist)적 시각을 취한다. 같은 맥락에서 모든 사람에게 항상 불변으로 적용되는 보편주의적이고 본질주의적인 배려의 개념은 성립되기 힘들다.

이러한 입장은 크게 두 가지 점에서 뒷받침된다. 우선 배려를 하는 사람과 받는 사람을 중심으로 파악하면 권력(power)의 문제로 귀결될 수 있는데(박창균 2016), 포스트-구조주의적 접근법은 이미 권력 자체의 반본질성을 지적한 바 있기 때문이다(예, Foucault 1984). 또 배려와 언어적 공손법이 같지는 않다고 하더라도 적어도 언어적인 면에서는 그 상관성을 전적으로 부인할 수는 없는데, 이미 3.1.2에서 지적한 대로 Brown & Levinson(1987)의 보편주의적인 공손법 이론에 회의적인 시각을 표시하며 불확정성을 강조하는 포스트-구조주의적 연구들이 속속 제기되고 있기 때문이기도 하다(Eellen 2001, Watts 2003, Kim 2011 등).

앞서 3.3절과 3.4절에서 소개한 포지셔닝 관점에서 본 다양한 배려 사례들과 논의들은 포스트-구조주의적 담화분석으로도 그대로 확장될 수 있다. <예문 3.1>을 여러 각도에서 검토한 바에 따르면, 몽룡이 춘향을 위해 문을 열어준다고 해서 반드시 항상 몽룡이 춘향을 배려한다고 할 수도 없고, 또 그것이 배려라고 해도 춘향이 그것을 꼭 수용해야 할 필요가 없었다. 따라서 일반적으로 그렇고 또 그것이 일반적으로 선호되는 소통 양상이라고 하더라도, 이러한 '일반성'은 거부할 수 있고 협상할 수 있는 불확실한, 혹은 미정인(indeterminate) 상태의 가능성으로만 존재했다. 즉, 본질주의적이고 보편주의적으로 'A가 B를 위해 문을 열어주면 항상 A가 B를 배려하는 것이다'라고 할 수는 없었다.

이런 점에서, 포지셔닝 이론의 관점에서도 누차 강조했듯이, 포스트-구조주의적 시각에서의 배려는 구체적인 살아온 이야기 속의 구체적인 참여자들이 도의적 책무 내에서 지속적으로 성찰하고 협상해야 할 것이다. 즉, 배려는 살아온 이야기 속에서의 여러 포지션에 따라 여러 "주관성의 결합(nexus of subjectivities, Davies & Banks 1992, Walkerdine 1990)"을 구축하는 참여자들이 스스로와 서로를 때로는 아주 배려심 있는 사람으로, 때로는 아주 배려심 없는 사람으로 구축하고 논쟁을 벌이고(contested) 협상하는 것이다.

3.5.2 상호텍스트성과 배려의 다성성(多聲性)

둘째, 포스트-구조주의에 있어서, 대화 내의 어떤 발화-행위는 지배적인 다른 담화의 흔적에 항상 영향을 받게 된다는 상호텍스트성(intertextuality, Barthes 1977)은 중요한 개념 중의 하나이다. 이를 앞서 포지셔닝 이론에서는 이론 내적으로 부각하지는 않았으나, 상대성, 다차원성 등, 그 이론적 특징의 일부로 보았다고 할 수 있다. 이러한 상호텍스트성을 명시적으로 배려에 적용해보면, 배려는 기본적으로 상호텍스트적인 경우가 매우 많다고 할 수 있다. 나아가 Baxter(2003)는 Bakhtin(1981)의 다성성(多聲性, polyphony)과 이어성(異語性, heteroglossia)에 기반해, 여성에 있어서 권력의 의미를 통시적으로도 공시적으로도 검토하는데, 상호텍스트적인 배려 역시 마찬가지 경우를 보인다.

이를 <예문 3.1>에 적용해 고찰해 보자. 몽룡이라는 남성이 춘향이라는 여성을 위해 문을 열어주는 배려는 몽룡이라는 주관성(subjectivity)을 갖는 개인 배려의 발현일뿐만 아니라 (예를 들어) 기사도라는 남성중심주의적 배려의 발현이기도 하다. 다시 말해 몽룡의 배려는 상황적 차원에서 몽룡 개인의 목소리(voice)만 반영한 것일 수도 있으나, 제도적이나 사회적 차원에서 남성중심주의의 목소리를 반영한 것일 가능성이 더 크고, 실제로는 거의 항상 두 목소리를 동시에 반영할 것이다. 이런 점에서 그의 배려는 Bakhtin(1981)이 말한 다성성을 갖는다. 하나의 발화-행위에 여러 목소리가 함께 울려 퍼지고 있는 것이다.

같은 맥락에서 춘향의 "나도 손 있어"라는 거부, 나아가 저항의 목소리도 상황적 차원에서 춘향 개인의 목소리(voice)만 반영한 것일 수도 있으나, 기관이나 사회적 차원에서 페미니스트 단체나 페미니스트의 목소리만 반영한 것일 수도 있으며, 많은 경우 두 목소리를 함께 반영한다. 이때 춘향의 목소리는 다성성을 갖을 뿐만 아니라 나아가 소외되거나 차별을 받는 사람들의 저항의 목소리도 나타낼 수 있다는 점에서 Bakhtin(1981)이 말한 이의성도 갖는다고 할 수 있다.

이처럼 기사도와 같은 규범적, 관습적 배려나 페미니즘과 같은 이념적 배려(의 거부)의 경우와 같이 우리가 배려라 생각하는 많은 내용은 '나'라는 개인만의 주관적 목소리라고 하기가 쉽지 않다. 윤리, 규범, 관습, 종교, 이념, 법률 등에 근거한 기존의 여러 배려라 주장하는 목소리를 불러와 우리 목소리로도 활용하므로 (혹은 우리 스스로의 목소리라 착각하므로) 상호텍스트성과 다성성을 갖는 경우가 매우 많고, 나아가 소외되고 비공식적인 목소리가 튀어나오는 이어성을 갖기도 한다.

이때 다성성과 이성성을 띠는 목소리들은 평화롭게 공존하기보다 불안한 공존 양상, 나아가 서로 갈등 양상을 보이기가 쉽다. 즉, 포스트-구조주의적 관점에서의 배려는 상호텍스트적이며 다성적인 목소리는 서로 충돌하며 갈등하는 "갈등(혹은 투쟁)의 현장(site of struggle, Lather 1992: 101; Baxter 2003: 187 등)"이라고까지 할 수 있다. 이는 Barthes(1967)가 저자에 의한 권위적 해석의 죽음과 독자에 의한 창조적 해석의 탄생에서 논의한 바와 같이(Belsey 2002), 기존의 배려라는 저자의 목소리와 구체적 담화 속에서 배려를 수행하며 이를 해석하고 재창조하는 독자로서의 우리의 목소리는 갈등의 양상을 보이기가 쉽기 때문이다. <예문 3.1>이나 1장에서의 임산부 배려석을 둘러싼 갈등, 애티켓을 둘러싼 갈등 등이 바로 이와 같은 사례를 잘 보여준다고 하겠다.

3.5.3 포스트-휴머니즘적 인식론과 광의의 배려

셋째, 포스트-구조주의적 접근법, 특히 포스트-구조주의적 담화분석은 포스트-휴머니즘의 인식론에 초점을 두고 있다(Angermuller 2020). 이런 점에서 포스트-구조주의적 접근법은 인간 사이의 배려를 넘어 동물, 자연, 문명 등의 초대인(超對人) 배려, 즉 광의의 배려로 확대하기 쉽다.[50] 이 광의의 배려는 앞서 포지셔닝 이론에서는 이론 내적으로 많

---

[50] 포스트-구조주의의 경우와 마찬가지로 배려에 관한 이 책에서는 포스트-휴머니즘에 관한 개괄적 소개는 현재의 범위를 넘어서므로 피하기로 하고 배려와의 관련성만 강조한다. 포스트-휴머니즘에 관해서는 Lamb & Higgins(2020) 등을 통해서 요약적으로 알 수 있다. 또 비언어적이기는 하나 고미숙(2022)은 포스트-휴머니즘과 배려교육에 관해 심도 있게 고찰하였다.

이 강조하지는 않았으나, 인간과 사회를 중심으로 한 새로운 존재론, 인식론을 제안하고 그 이론적 특징, 특히 수직적 다차원성에서 설명할 수 있도록 해서 환경 담론 등을 가능하게 했다(Harré, Brockmeier, & Mühlhäuser 1999).

이처럼 이 장에서 제시한 포스트-구조주의적 시각, 또 4장에서 볼 상생화용론의 시각에서는 광의의 배려를 명시적으로 언급하기보다는 그 체제의 일부로 가능하게 할 여지를 남겨 놓는다. 반면 5장에서 살펴볼 Noddings(1984/2013, 1992 등)의 배려론은 명시적으로 광의의 배려도 고찰한다. 이러한 차이는 앞의 두 접근법이 배려만을 위해 발전해온 것은 아니라는 점에서 그다지 놀랍다고 하기는 어려울 것이다. 그러나 두 접근법에서도 광의에 배려를 좀 더 명시적으로 고찰할 필요가 있는 것도 사실이다.

이 소절에서는 포스트-구조주의적 담화분석의 접근법에서 반본질주의적 구성주의 시각에서의 배려, 상호텍스트성과 배려의 다성성, 그리고 포스트-휴머니즘적 인식론과 광의의 배려에 집중하여 고찰해 보았다. 이를 통해서 한 담화 속에서 배려로 보이는 발화-행위가 다른 경쟁하는 담화 속에서는 그렇지 않을 수도 있고, 여러 담화와의 상호텍스트성 속에서 통시적으로 살펴보면 배려의 다성성이 두드러지고 이의성도 나타날 수 있음을 살폈다. 또 광의의 배려는 이론 내적으로 가능한 체제이지만 명시적으로 고찰은 아직은 부족하여 향후 추가 고찰이 필요함을 지적하였다. 이를 바탕으로 3.6절은 논의를 비판적 응용언어학으로 더 확장하되 그 실천론적(practice) 측면을 중심으로 고찰한다.

3.6 배려의 비판응용언어학으로의 확장

포지셔닝 이론이나 포스트-구조주의(적 담화분석)이 배려 자체만을 위한 이론이 아닌 것처럼 Pennycook(2001)이 주창한 비판(혹은 비평) 응용언어학(Critical Applied Linguistics 혹은 CALx)도 배려를 염두에 두고 제안된 이론은 아니다. 또 포스트-구조주의적 접근법보다도 더 많이 알려지지 않았으므로 간략하게 소개를 먼저하고 배려를 고찰해 보고자 한다.

Pennycook은 지식 체계와 정치권력의 관계에 대한 언어학의 접근법을 크게 네 가지로 분류하고, 이들을 각기 "자유적 외면주의(liberal os-trichism)"(예, 주류 응용언어학), "무정부적-자율주의(anarcho-autonomy)"(예, Chomsky류 언어학), "해방적 모더니즘(emancipatory mod-ernism)"(예, 비판적 담화분석(Critical Discourse Analysis 혹은 CDA)), 그리고 "문제화하는 실천론(problematizing practices)"이라고 칭하였다. 그중에서 네 번째 접근법인 "문제화하는 실천론"은, 반본질주의적인 시각에서 구체적인 담화에 따라 역동적이고 다양한 주관성과 주체성을 허용하는 접근법이라 보았다. 여기에는 각종 포스트-주의(포스트-구조주의, 포스트-모더니즘, 포스트-식민주의 등), 제3기 페미니즘 등이 들어가는데 그는 이들을 모두 묶어 비판응용언어학의 범주에 넣었다. 따라서 비판응용언어학은 3.5절의 포스트-구조주의(적 담화분석)를 포함하는 더 확장된 접근법이라 할 수 있다. 그러나 아직은 학자들에게도 생소할 수 있어 다른 접근법들과 혼동의 소지가 있고,[51] 또 마찬가지로 아

---

51 예를 들어 더 널리 알려진 비판적 담화분석은 Pennycook의 세 번째인 해방적 모더니

직은 생소할 수 있는 포지셔닝 이론보다는 일반적인 포스트-구조주의를 이 책과 이 장의 부제로 내세우게 되었다. 그러나 '확장'이라는 개념을 생각하면 모든 포스트-주의를 포함한다는 점에서 비판응용언어학이 가장 확장된 접근법이라고 봐야 할 것이다.

비판응용언어학이 "문제화하는 실천론(problematizing practices)"을 실행한다는 것은 크게 두 가지를 뜻한다. 첫째는 자아 성찰성(self-reflexivity)이고, 둘째는 변화지향성(transformativity)을 실시한다는 것이다. 이들 각각을 좀 더 자세히 소개하고 배려와 연결해 보도록 하자.

3.6.1 배려의 자아 성찰성

첫째, 비판응용언어학의 시각에서는 자아 성찰성(self-reflexivity)을 실천하는 것이 매우 중요하다. 물론 자아 성찰성이 자아만 성찰한다는 것을 뜻하지는 않는다. 타인 성찰, 혹은 비판은 물론이고 자아 성찰에도 인색하지 않아야 한다는 뜻이다. 이를 좀 더 자세히 논해보자.

해방적 모더니즘 계열의 연구들은 결정론적이고 교조적으로 타인을 비판하고 성찰하는 데에는 엄격하였으나, 스스로를 비판하고 성찰하는 데에는 비교적 인색했다. 예를 들어 언론이 가지고 있는 권력을 논하면서 정작 저자 본인이 가지고 있는 권력에는 함구하는 경우를 들 수 있을 것이다. 이러한 타인 비판은 그 자체로 물론 중요하다. 그러나 여기서 바로 자충수가 발생할 수 있다. 예를 들어 언론이 권력을 장악하는 것을

즘 계열로 분류된다. 즉 '비판적(critical)'이라는 용어를 공유하나 계열이 다르다.

비판한다면, 언론의 일부라 할 수 있는 저자 본인도 권력을 장악할 수 있으므로 비판의 대상이 되어야 하지 않는가? 그러나 범주 중심의 보편주의적 시각을 유지하는 해방적 모더니즘의 시각에서는 저자 본인이 언론에 들어감에도 불구하고 스스로의 권력은 성찰의 대상에 포함하지 않았던 것이다.

비판응용언어학은 해방적 모더니즘의 바로 이러한 교조주의에 불안감(혹은 조심성)을 표시한다. 여기에서 바로 자아 성찰성이 요구된다. 단순하게 나도 그 범주의 일부라서만 비판과 성찰의 대상이 되는 것이 아니다. 마치 '세상에 절대 진리는 없다'라는 말이 자가당착에 이르게 되는 것처럼, 어떤 주장이 보편주의적이고 본질주의적이고 결정론적이고 교조주의적이어서 틀렸고 그래서 내가 옳다고 하게 되면, 내가 일부에 있어 옳다고 하더라도 자칫 다시 내가 바로 그 교조주의에 빠질 수 있다. 이에 따라서 과연 내가 알고 있고 증명할 수 있는 범주를 넘어서 보편주의적이고 본질주의적이고 결정론적이고 교조주의적인 주장을 펼치는 것이나 아닐지 끊임없이 자아 성찰과 비판도 해야 하는 것이다. 즉, 타인 성찰과 자아 성찰을 함께 하며 절대적 지식을 주장하는 목소리에 끊임없이 불안감을 표하며 조심스럽게 경계심을 늦추지 않아야 하는 것이다.

필자는 배려에 관해서도 같은 접근법이 필요하다고 본다. 이미 3.2절~3.4절까지의 포지셔닝 이론에서의 많은 예를 통해서 보았고, 3.5.1에서 반본질주의적 구성주의 시각에서 배려를 고찰한 바와 같이, 본질주의적이고 보편주의적으로 'A가 B를 위해 문을 열어주면 항상 A가 B를 배려하는 것이다'라고 할 수는 없었다. '배려' 자체든 배려적 발화-행위든 포지셔닝 이론과 포스트-구조주의적 담화분석, 그리고 비판응용언어학은 보편주의적이고 본질주의적이고 결정론적이고 교조주의적인 접근에 불안감을 표한다. 그래서 시간적으로 공간적으로 상하, 전후, 좌우로 성찰하는 것이 필요한 것이다. 또 포스트-휴머니즘의 거대한 담화 공간에서는 몽룡의 배려를 배려로 받아들이지 않을 누군가가(어떤 존재인가가) 어디엔가 언제라도 있을 수 있기에 우리는 끊임없이 타인 성찰과 자아 성찰을 해야 하는 것이다.

또 누군가가(어떤 존재인가가) 몽룡의 배려를 그렇게 받아들였다고 하더라도, 배려의 상호텍스트성을 고려하면 몽룡 스스로도 그것이 배려인지 진정 모를 수도 있다. 윤리, 규범, 관습, 종교, 이념, 법률 등이 규정해준 배려가 배려인지 몽룡 스스로도 모를 수 있기 때문이다. 이와 같은 배려에 관한 인식론적 불안함은 끊임없이 타인 성찰과 자아 성찰을 요구하는 것이다.

3.6.2 배려의 변화지향성

둘째, 비판응용언어학의 시각에서는 비판과 성찰은 비판과 성찰에에만 머무르는 것이 아니라 스스로와 타인, 조직, 사회 등에 변화를 불러오는 변화지향성(transformativity)과 연계되어야 한다는 점을 중요하게 생각한다. 변화를 추구하는 점은 해방적 모더니즘과도 어느 정도 공유점이 있는 부분이기는 하나, 3.6.1에서 언급한 비판응용언어학의 인식론적 조심성은 변화에 대한 접근에 있어서도 해방적 모더니즘과는 차이를 보인다. 이를 좀 더 구체적으로 살펴보자.

해방적 모더니즘이 범주적이고 보편적인 변화를 추구한다면, 비판응용언어학은 구체적이고 특정적인 변화를 추구한다. 예를 들어 해방적 모더니즘은 춘향 같은 여성들은 모두 권력이 없고 몽룡 같은 남성들은 모두 권력이 있으므로 여권 신장을 위해서는 사회 구조를 바꾸려 할 것이다. 이에 비해 비판응용언어학은 춘향이라는 구체적인 여성이 어떤 상황에서(예, 직장 회의에서) 어떻게 자신의 권력을 주장하지 못하므로(예, 변사또라는 상사가 몽룡과 같은 남성 직원에게만 발언권을 주므로) 이를 변모시키기 위해서는 어떤 노력이 필요한가(예, 남녀 직원들에게 번갈아 가며 발언권을 주면 개선 가능한가)를 고민할 것이다. 다시 말해서, 성찰적이고 조심스러운 접근을 강조하는 비판응용언어학은 마찬가지로 성찰적이고 조심스러운 변화지향성을 추구한다고 할 수 있다.

이러한 비판응용언어학이 강조하는 이러한 변화지향성은 배려에도 마찬가지로 적용된다. 3.6.1에서 본질주의적이고 보편주의적인 배려를 주장하기 어렵기에 시간적으로 공간적으로 상하, 전후, 좌우로 타인 성찰과 자아 성찰을 해야 한다고 하였다. 성찰을 했다면 조금이라도 나아지기 위해서 노력을 할 것이다. 바로 이 조금이라도 나아지는 노력이 비판응용언어학의 시각에서 스스로와 타인, 조직, 사회 등에 변화를 불러오는 변화지향성인 것이다. 그렇다고 해서 타인이나 조직, 사회, 문명, 환경 등의 범주 전체를 변화시키려 하자는 뜻은 아니다. 나와 내가 살아가는 이야기 주변의 가까운 곳에서 내가 배려라고 생각했으나 다른 사람/존재에게 그렇지 않았던 것, 내게 배려가 아닌 줄 알고 지나갔으나 나중에 보니 배려였던 것 등을 성찰하고 협상하고 변화를 추구해야 한다는 조심스러운 변화지향성인 것이다.

지금까지 이 절은 포지셔닝 이론으로 토대를 닦고 포스트-구조주의적 담화분석으로 확장한 내용을 "문제화하는 실천론"으로서의 비판응용언어학의 관점에서 실행에 옮기는 방안을 제시하였다. 비판응용언어학 관점의 배려는 부단한 자아 성찰과 조심스러운 변화를 지향하는 과정이었다. 이는 좀 더 쉬운 말로는 비판응용언어학의 관점에서의 배려란 시간적으로 공간적으로 상하, 전후, 좌우로 성찰하고 협상하고 끊임없이 변화를 위해 노력하는 과정이라고 할 수 있다.

3.7 제3장을 맺으며

지금까지 이 장은 언어 중심 배려 연구의 하나로 포스트-구조주의적 접근법을 취하여 배려를 고찰해 보았다. 선행 연구 검토를 통해 이들을 보완하면서도 1장의 문제도 해결하며 2장(과 추후 4장)의 교육적 함의도 있는 접근법이 필요하다는 점에서 포스트-구조주의적 접근법이 그 답이 될 수 있음을 제시하였다. 이를 바탕으로 포지셔닝 이론으로 배려의 공시적 쌍방향성, 수평적 상대성, 수직적 다차원성, 배려의 통시적 유동성, 주체적 선택 가능성을 살펴보았고, 이들이 구현되는 구체적인 배려 모드들도 살펴보았다. 이어서 이를 포스트-구조주의적 담화분석으로 확장하여 배려의 반본질성, 상호텍스트성과 다성성(多聲性), 포스트-휴머니즘적 인식론을 고찰하였다. 마지막으로 "문제화하는 실천론"으로서의 비판응용언어학의 관점에서 실행에 옮기는 방안을 제시하여, 배려가 끊임없는 자아 성찰과 지속적인 변화를 지향하는 과정임을 강조하였다.

이러한 포스트-구조주의와 비판응용언어학의 관점에서 본 배려는 1장에서 사전적인 정의가 제시한 것과 같은 일회성의 "마음을 씀"과 그 마음을 받는 자가 "수용"하는 것이 아니다. 윤리, 규범, 관습, 종교, 이념, 법률 등에 근거해 배려라 주장하는 목소리와 구체적인 담화 속에서 수행하고 거부하고 협상하고 선택해야 하는 스스로와 타존재의 목소리 사이에서 스스로와 타존재를 위해 끊임없이 갈등하고 문제화하고 성찰하고 협상하고 변화를 도출하는 실천론이 바로 비판응용언어학의 관점에서 보는 배려라 할 수 있다. 즉, 다성적인 목소리들이 여러 층위의 담화 속에서 서로 충돌하며 경쟁하는 갈등의 현장인 것이다. 그렇기에 배려가 있고 없음은 단발적이고 최종적으로 한 번만 판단할 수 있는 것이라기보다 병존·상충할 수도, 취소·철회할 수도, 반성·성찰할 수도, 교육·개선할 수도 있는 지속적 과정이라고 할 수 있는 것이다. 바로 이런 점이 포스트-구조주의적 관점이 배려에 관해 교육적 함의를 갖는 점이면서, 실천 철학으로서 함의를 갖는 점이라 할 수 있다.

이를 다시 앞서 상술한 포지셔닝 이론의 용어로 표현하면, 배려는 스스로와 타존재를 공시적으로 쌍방향으로, 수평적으로 상대적으로, 수직적으로 다차원적으로, 통시적으로 유동적으로, 전체적으로 혹은 부분적으로 선택하며 끊임없이 협상하며 변화해 가는 갈등과 노력, 그리고 교육과 변화의 현장이라 할 수 있다. 이것이 바로 저자가 죽어버린 포스트-모더니즘의 불확실성과 양자역학의 불확정성의 원리 속에서 살아가는 우리가 수행할 수 있는 배려인 것이다.

이제 이렇게 구축한 삶과 교육에의 함의를 바탕으로 다음 장에서는 언어를 중심 배려와 배려교육을 연구한 또 다른 접근법인 상생화용(론)을 소개하도록 한다.

제4장.

상생화용(론)의 관점에서 본 배려와 언어교육

　3장은 포지셔닝 이론, 포스트-구조주의 담화분석, 비판응용언어학을 크게 한데 묶어 포스트-구조주의적 접근으로 보고 배려를 살펴보았다. 배려에 관한 이러한 접근법은 필자가 주창한 것으로 아직 널리 알려지지는 않았다.

　이에 비해 이 장은 언어 중심 배려 연구를 가장 많이 진행했고 적어도 국내에는 나름대로 알려졌다고 할 수 있는 '상생화용(론)'을 소개하고자 한다. 이미 여러 번 언급한 바와 같이 상생화용은 최현섭(2004a, b, 최현섭 외 2007 등)이 초기에 '상생화용론'으로 주창하여 이후 여러 논저를 통해 발전시켰다. 이후 국어교육계를 중심으로 많은 동료 학자와 후학이 계승하고 발전시켜왔다. 서양 중심의 학풍에 새 "문명적 대안" 그리고 "패러다임" 차원으로 제시되었으나, 안타깝게도 배려에 관해서 아직은 국내 학계, 특히 국어교육학계를 넘어 널리 알려지지는 못한 것으로 보인다. 그러나 상생화용은 배려를 고찰함에 있어 언어를 그 중심에 놓은 몇 안 되는 학설, 학풍, 혹은 학파의 하나로, 관련 논저도 적지 않다. 이런 점에서 배려를 언어 중심으로 접근할 것을 옹호하는 이 책의 한 장에서 충분히 소개할 필요가 있다.

단, 상생화용은 단순히 배려만을 고찰하는 데에 국한되지 않고, 동양의 철학과 종교를 아우르는 포괄적이고 종합적인 인식론적 체계인데, 이러한 거대 담론에 관한 소개는 이 장에서는 최소화하기로 한다. 이는 언어를 중심으로 한 배려와의 직접적 관련성이 비교적 떨어지기 때문이다. 3장이 포지셔닝 이론, 포스트-구조주의 담화분석, 비판응용언어학을 소개할 때, 그 인식론적, 존재론적 체계를 제시하는 것은 최소화한 것과 같은 이유라 할 수 있다.

반면, 상생화용이 포괄적이고 종합적인 인식론적 체계라는 것은 그 배려의 고찰 범위가 반드시 좁은 의미의 대인간 배려만을 뜻하는 것은 아니라는 점도 뜻한다. 위에서 언급한 서양 중심의 학풍에 대한 "한국의 새 문명적 대안" 중의 하나로 "만물의 존중"(최현섭 2004a: 182)을 "신뢰 회복"과 "융합 및 생성"을 꼽은 것은 바로 그러한 점을 잘 보여준다.

그러나 그는 바로 이러한 대안들을 국어교육에 접목하므로, 이 장은 상생화용의 시각에서 그 이론의 생성 배경과 개념에 대하여 알아보고 상생화용 관점에서 배려의 의미는 무엇인지 알아보고자 한다. 이 장에서는 우선 상생의 사전적 정의를 알아보고 급변하는 사회에서 요구되는 상생의 개념이 우리의 삶뿐만 아니라 언어교육에 있어서 어떤 영향을 미치게 되었는지 살펴보고자 한다. 더불어 이전에는 없었던 개념이었던 상생화용은 무엇인지 그 개념을 정리하고 상생화용의 특징과 상생화용에서 강조하고 있는 언어교육 차원에서의 배려의 의미를 소개하여 이해를 돕고자 한다. 이어서 상생화용을 다양한 시각으로 논의한 연구를 고찰하여 상생화용에서의 개념과 배려의 의미 확장을 살펴본다. 앞 장에서 언급한 포스트-구조주의 접근법에서의 배려의 의미와 상생화용의 배려 의미를 비교하여 살펴보는 것도 의미가 있을 것이다. 먼저 상생화용 이론의 생성 배경과 개념, 그 특징을 알아보자.

4.1 언어사용의 새로운 패러다임으로서 상생화용

4.1.1 상생의 개념과 상생화용의 기원

'상생(相生)'의 개념은 원래 음양오행설에서 유래하였으나 배려의 관점에서는 "둘 이상이 서로 북돋우며 다 같이 잘 살아가는 것"이라는 확대된 정의가 더 적합하다. 즉, 다양한 문화적 배경을 가진 사람들이 복잡한 사회를 구성하며 함께 살고 있는 현대의 시대적인 배경 속에서 사회 구성원이 조화를 이루며 다 같이 잘 사는 것을 상생이라고 할 수 있다.

이미 2장에서 살펴보았듯이, 상생 역량, 즉 "더불어 살" 수 있는 역량은 근래 우리 사회도 더욱 복잡화, 다변화하면서 교육과정에서 미래 사회의 구성원이 되기 위한 역량의 하나로 학습자들에게 요구하는 패러다임으로 자리 잡아가고 있다(양수연 2019). 이러한 상생의 개념은 21세기에 접어들며 사회적 존재로서의 인간관계를 강조하는 도덕교육이나 윤리교육을 넘어, 언어교육, 특히 국어교육에서도 강조되기 시작하였다. 기존의 서구 중심 언어교육은 정보 전달과 같은 의사소통의 목적만을 강조하며 최우선으로 고려하였다. 그로 인해 정보 전달 이외의 소통하는 사람들 사이의 관계성 등을 등한시하는 결과를 초래하였고, 이에 대한 성찰과 비판이 제기되었다(아래 4.1.2에서 상술). 특히 최현섭은 일련의 논저를 통해 서양 일변도의 학풍을 성찰하며, 동·서양이 대등한 입장에서 문명을 이끌어가는 새로운 문명의 패러다임 전환기를 맞이함에 서로 공존하려는 노력이 언어 사용에서도 필요함을 강조하였다. 또 이에 서양 중심의 학풍에 대해 언어교육 또한 변화가 필요함을 새 "문명적 대안" 그리고 패러다임 차원에서 역설하였다. 그는 '상생화용' 즉, '상생적 언어 사용'이 언어교육의 새로운 패러다임이 될 것이라고 보았으며, 급변하는 세상에서 맞이하는 새로운 문명적 변화의 대안으로 앞서 밝힌 바와 같이 "신뢰 회복", "만물 존중", "융합 및 생성"을 제안하였다. 그리고 이 키워드를 언어교육의 맥락에 접목하여 상생화용에 중요한 개념으로 "진실한 언어사용", "상대 존중 및 배려", 그리고 "의미의 생성"이라는 세 가지를 제시하였는데, 이들 속에 국어교육과 관련한 '배려'의 개념이 녹아있는 것이다(서현석 2016: 494). 이제 이들 각각을 좀 더 자세히 살펴보도록 하자.

4.1.2 언어교육 맥락에서의 상생화용의 특징

위에서 언급한 상생화용의 개념을 요약하면 "서로를 살리는 언어사용"을 뜻한다. 그렇다면 어떻게 하는 것이 서로를 살리는 언어사용인가? 배려 고찰에 중요한 언어교육 맥락에서의 상생화용의 세 가지 개념의 특징을 각각 좀 더 검토해 보자.

첫째, 서로를 살리는 언어 사용은 진실해야 한다. 최현섭은 국어교육에서 언어 사용 예절에 대한 교육은 잘 이루어지고 있지 않음을 지적하며, 서양의 언어 사용기능과 동양의 언어 예절교육의 균형과 융합을 고려하여 국어교육을 할 것을 제안하였다. 언어 사용에서의 진실성은 좀더 구체적으로는 꾸미지 않고 "사실을 사실대로 전하는 말", "말과 행동이 일치하는 말", 상대방에게 상처 주지 않는 긍정적인 언어를 사용하는 "생명을 살리는 말" 등을 통해 달성할 수 있는데, 그는 국어교육을 통해 이러한 진실한 언어 사용을 할 수 있도록 해야 한다고 강조하였다.

둘째, 서로를 살리는 언어 사용은 상대를 존중하고 배려할 줄 알아야 한다. 즉, 언어를 사용할 때 언어의 기능이나 정보 전달이나 공유도 중요하지만, 타인에 대한 바른 태도와 배려도 적어도 그만큼은, 많은 경우에는 훨씬 더 중요하다. 즉, 타인과 함께 살아가는 세상에서 배려는 기본이며, 그렇기에 타인과의 소통 도구인 언어를 사용할 때도 당연히 배려가 강조되어야 한다. 하지만, 언어 사용에서의 배려교육은 배려하는 사람과 배려받는 사람 간의 가치관 또는 입장의 차이, 문화 차이, 환경 차이 등 고려해야 할 부분이 많아서 보편화하고 체계화하기가 쉽지는 않기에 다양한 배려교육 연구가 필요하다는 점을 그는 강조하였다.

셋째, 서로를 살리는 언어 사용은 화자와 청자의 생각을 넘어서는 의미를 생성하는 것이다. 이를 위해 최현섭은 Myers & Myers(1991/1998)에 근거해 의사소통을 크게 세 가지 관점을 제시한 후 이를 더 확대한다. 우선, 수사학적 전통이나 정보 이론적 관점에서는 의미는 화자에서 청자로 일방적으로 흐르고 이에 따라 의미도 물론 고정되어 있다. 이에 비해 상호작용적 관점에서는 의미는 고정되어 있으나 화자와 청자가 서로 말을 주고받는 과정에서의 의미 전달 방법과 인식 방법에 초점을 둔다. 이들에 반해 상호 교섭적 관점(the transactional theory)에서는 의사소통이 역동적이므로 화자와 청자가 주고받는 의미가 일방적이거나 고정된 것이 아니라 서로의 상호 교섭 작용에 의해서 새로이 만들어지고 공유된다. 그는 이러한 관점은 화자와 청자의 상호 교섭 과정에서 의미가 생성되는 것으로 본다는 점에서 상생화용에서의 의미 생성과 매우 유사하기는 하지만 또한 차이가 있음을 밝힌다. 즉, 상호 교접적 관점에서 생성하게 되는 의미는 화자와 청자가 서로 이해하지 못하는 의미를 생성함으로써 공유하게 되는 것에 더 가까운 데 반해, 상생화용에서 생성하게 되는 의미는 화자와 청자가 몰이해를 극복해서 의미가 같아지는 것을 넘어, 그들 각각의 생각을 초월하여 제3의 의미가 생성되는 것이다. 그러므로 의미를 "객관적이고 기술적"으로 공유한다는 것을 넘어 의미의 융합과 생성, 창조를 추구한다는 점에서 더 적극적이고 역동성을 갖는 "의미 생성"인 것이다. 따라서, 이렇게 생성되는 제3의 의미는 지(知)적인 개념, 즉 정보적인 개념뿐만 아니라, 정(情)과 의(意) 등 관계적인 측면까지도 모두 포함하는 것이다. 이런 점에서 본서가 주목하는 배려를 향한 적극적이고 역동적인 공간을 이론적으로 확보하게 된다.

이처럼, "서로를 살리는 언어사용"이라는 상생화용의 개념은 그동안 우리의 언어관과 언어교육, 특히 국어교육이 언어의 기능적·도구적 관점을 취하며 언어사용의 설득적인 측면만 지나치게 강조하였다는 자성과 비판에서 비롯하였다. 그리고 이를 바탕으로 일방적 설득과 같은 언어소통이 아니라 쌍방향적, 나아가 다방향적 언어소통에 관심을 기울여야 함을 강조한다. 이때 배려가 매우 중요한 부분을 차지하는 것이다(서현석 2016: 495). 이와 같은 언어소통은 그 인식론적, 방법론적 차이는 있지만, 앞서 3장에서 논의한 포지셔닝 이론의 쌍방향성이나 다차원성과도 상통한다고 할 수 있다.

지금까지 이 절은 상생화용의 개념과 상생화용에서 바라본 기존 국어교육의 약점, 또 상생화용을 중심으로 한 국어교육에 있어 중요한 세 가지 요소를 제시하며, 배려가 중요한 개념을 차지함을 제시하였다. 이를 바탕으로 4.2절은 다양한 관점으로 진행된 상생화용 연구에서 논의된 내용 고찰을 통하여 배려의 의미를 살펴보고 상생화용 연구의 방향을 소개하고자 한다. 먼저 언어문화로서 상생화용 연구 방향과 사용전략 연구에 대해 알아보고 이어서 상생언어의 목표와 상생언어 사용의 전략을 알아본다. 그리고 상생화용의 재개념화를 통해 화법 교육의 확장에 대해 살펴보기로 한다.

4.2 상생화용 연구 동향과 사용전략 연구 고찰

4.2.1 상생화용 용어 재정리

최현섭(2004a, b)의 초기 제안 이후 최영환(2005, 2006)은 상생화용 연구의 방향과 사용전략에 대해 제언하며 당시까지 제시된 용어들을 재검토하며 정리하며 이후 연구의 방향을 제시하였다. 그는 '상생화용'이라는 용어 자체는 4.2에서 소개한 '상생'과 '화용론'이라는 명확한 개념을 다진 단어의 결합체이므로 최현섭 스스로의 학문적 정체성에 관한 자아성찰에도 불구하고 그 학문적 정체성은 분명하다고 보았다. 다만 그는 상생화용이 학문적으로만 논의되는 것에서 멈추지 않고 교육 현장에서 보편적으로 수용 가능한 것으로 활용하는 것이 중요하다고 보고, '상생화용'이 일반적인 언어학의 하위 분야인 화용론의 하위 분야가 아니라 독립적인 "국어교육 철학"이어야 한다는 점에서 '상생화용론'보다는 '상생화용'이, 나아가 '상생언어'(최영환 2005)가 적합하다는 점을 강조하였다. 이러한 그의 시각에 본서도 동조하기는 하나, 본서에서는 의도적으로 이 소절 이전까지는 '상생화용론'을 유지하였고, 이후부터는 '상생화용'을 위주로 하되 '상생화용론'도 혼용해 쓰기로 한다. 이는 무엇보다도 구체적으로 소개하지 않은 이론과 학파 등을 미리 지칭하는 데에 있어서 '상생화용'은 혼동을 줄 수도 있었기 때문이고, 다음으로는 최현섭의 원래 용어가 '상생화용론'이었기 때문이며, 마지막으로는 '상생화용론'이 '상생-화용론'이라기보다는 '상생화용-론'이라고 보기 때문이다. 반면 '상생언어'는 아직 '상생화용'에 비해 해당 논저에서 일반적이지 않은 것으로 보여 '상생화용(론)'을 유지하기로 한다.

이러한 용어를 논의함에 있어, 최영환(2005)은 '상생'과 '화용'의 개념을 나누어 정리하였다. 즉, 상생은 둘 이상의 개체가 일정한 관계에서 서로 돕고 살리는 언어 행위를 사용하는 것, 그리고 화용은 언어는 의사소통을 목적으로 하되 상황과 맥락 속에서 역동적으로 이루어지며, 언어와 언어 외적 요소를 포괄해야 하는 것으로 보았다. 언어는 개체와 맥락이 주어진 상황에서 두 사람 이상이 역동적인 언어사용을 할 때 상생이 가치를 발하며, 의사소통할 때 언어사용에 있어서 상대방을 돕고 살리는 기능을 부가해야 한다고 언급하였는데 이는 최현섭(2004a, b)이 언급한 언어의 진실성과 그 의미를 같이 한다고 볼 수 있다.

이를 바탕으로 그는 상생화용을 실제로 연구하거나 사용할 때 청자와 화자 사이에 상생이라는 목적을 지나치게 강조하여 의사소통의 목적을 상실하지 않도록 주의할 것을 강조하였다. 이는 상생화용에서 의사소통을 위해 언어를 사용하는 일차적 목적과 상대방을 존중하는 표현을 최대한 상생적으로 사용하는 이차적 목적으로 하는 그 한계점을 인식해야 하며, 상생이 기본 의사소통 목적을 달성할 수 있도록 해야 한다는 점을 잊어서는 안 된다는 것에 주의를 당부한 것이다. 또한, 그는 상생하기 위해서는 적절한 균형이 필요하며 불균형으로 말미암아 상극 상태가 되지 않도록 주의해야 하므로, 의사소통을 할 때 언어사용에 있어서 화자와 청자 사이에 균형을 이루며 상생하는 방법을 모색하여야 한다고 하였다. 특히 "상생이 중요하기는 하지만 그것이 의사소통을 대치하거나 의사소통보다 우선하게 될 경우 상생화용이 아니라 이미 목적을 상실한 언어사용이 된다"(p.388)는 그의 주의사항은 상생화용 관련 연구뿐만 아니라 언어 중심 배려 연구 전반에 매우 중요한 권고사항이라 할 수 있다.

4.2.2 언어교육에서 상생화용의 중요성

상생이라는 개념을 언어사용에 접목하는 것은 상생언어를 사용함으로써 그 가치를 구현하는 것과 같다. 상생적 언어사용은 우리 사회에서 중요하게 여기는 가치(예를 들어 인간관, 사회관, 특정 이데올로기 등)와 과거 국어교육에서 다룬 가치(예를 들어 협동, 우애, 정직, 어른 공경 등)와는 차이가 있으나, 우리 교육이 지향하는 가치를 담는 효과가 있으며 (최영환 2005: 389), 이는 결국 본서의 관심사인 배려를 담는 효과가 있다고 볼 수 있는 것이다(서현석 2016).

이를 좀 더 구체적으로 살펴 보면, 국어교육에 상생화용을 도입하면 상대방을 이해하라고 가르치는 것이 아니라 이해를 표현하는 방법을 가르치는 것에 중점을 둘 수 있다. 아래의 <표1>의 표현들을 살펴보자:

표현	상생의 정도
㉮ "돈이 좀 남는 것 같아. 거슬러 주어야겠는데……"	높음
㉯ "아니, 딱 맞는구나."	↕
㉰ "조금 모자라지만 깎아줄게."	낮음

〈표 1: 표현의 상생정도(최영환 2005: 351)〉[52]

<표 1>에서 언급한 표현 ㉮, ㉯, ㉰는 물건을 사러 온 어린아이가 가게 주인에게 물건값을 치르며 "모자라나요?"라고 한 질문에 대한 상생적 답변이다. 원문에서는 ㉮로 답변하였는데 ㉯와 ㉰ 또한 상생적 답변이 될 수 있다. 답변이 ㉮든 ㉯든 ㉰든, 가게 주인은 모두 손해를 보는 상황에서 어린아이인 손님의 마음을 상하지 않기 위해 한 답변이지만 상생의 정도에 차이가 있음을 알 수 있다.

이처럼 상대방의 마음을 이해하고 고려하여 상생의 마음을 표현하려고 해도 표현하는 방법과 정도가 다를 수 있다. 그러므로 상생화용을 도입한 국어교육에서는 <표 1>에서처럼 '상대방을 배려하여 말하는 방법'을 가르치는 것이 핵심이 된다. 여기서 주의할 점은 '상대방을 배려하는 마음을 가져야 한다'는 상생이나 배려라는 가치 자체를 가르치는 것이 아니라, 그 상생이나 배려를 어떻게 표현해야 하는지에 관한 가치 표현 방법을 가르치는 것이 중요하다는 점이다. 이런 점에서 그는 상생화용은 담화적 능력, 사회문화적 능력, 언어에 관한 능력 등 높은 수준의 언어

---

52 원문은 폴 빌라드 작 '이해의 선물'의 일부로 최영환(2005)에서 재인용.

사용 능력을 요구한다고 보며, 그러한 국어교육이 중요하다는 점을 강조한다.[53]

4.2.3 상생화용 연구의 초점, 방향 및 상생화용 언어사용 전략

4.2.2에서 언급했듯이 언어사용과 교육에서 상생화용은 상생의 마음보다 상생 마음을 표현하는 방법에 초점을 두어야 한다. 최영환(2005)은 의사소통의 정확성이 보장된다면 이에 더해 효과적인 의사소통 방법을 고려해야 하는데, 이때 가장 효과적인 방법이 바로 상생적 표현일 수 있음을 보인다. <예문 4.1>은 같은 상황에서 상대방에게 어떻게 표현하는지에 따라 효과적 표현, 즉 상생적 표현이 될 수도 있고 그렇지 않을 수도 있음을 보여준다:

〈예문 4.1〉 (최현섭 2004, 최영환 2005에서도 인용)
(어느 날 시어머니가 며느리에게 우유를 사 오라고 심부름을 시켰다. 며느리가 사 온 우유를 보니까 유통기한이 지난 것이었다.)
시어머니:
① "얘야, 슈퍼주인이 날짜 지난 것을 팔았구나?"
② "얘야, 네가 날짜 지난 것을 사 왔구나?"

---

53 최영환(2005: 394)은 언어 사용 능력의 수준별 구성요소를 다음과 같이 정리하였다.

수준	구성요소	구체적 내용
낮은 수준	기호, 해호 능력	음성과 문자식별, 발음과 표기 능력
	문법적 능력	형태, 통사, 의미에 관한 능력
	의미 구성 능력	기본적인 이해, 표현 능력
높은 수준	담화적 능력	상황, 맥락에 맞는 사용 능력
	사회문화적 능력	사회와 문화에 관한 이해와 표현 능력
	언어에 관한 능력	언어관, 언어 심리, 언어 역사에 관한 지식

며느리가 유통기한이 지난 우유를 사 온 이 예문에서의 시어머니의 반응 중 ①은 상생화용이라 할 수 있고 ②는 상생화용이라 보기 어렵다. 그 이유는 ①이 상대방의 마음을 다치지 않게 하면서도 화자의 의도가 잘 전달되었기 때문일 것이다. 즉, 시어머니는 직접적으로 며느리의 잘못을 꾸짖어 창피를 주고 책망하지 않으면서도 유통기한이 지났다는 정보는 전할 수 있도록 며느리를 배려하였다. 이에 며느리는 크게 망신을 당하거나 체면을 잃지 않으면서도 앞으로 날짜를 잘 확인하고 물건을 사올 것이므로 시어머니의 가르침이 달성되었다고 할 수 있다. 다시 말해 시어머니는 배려적인 상생화용을 통해 상생을 달성한 것이다. 이처럼 국어교육에서 상생화용은 ①과 ②와 같은 문장을 비교하여 어느 문장이 더 좋은 문장인지 고르거나, 어느 문장이 상생화용인지 구분하도록 하는 것이 아니라, ①, ② 각 문장의 의미를 알고 어떤 효과를 낼 수 있는지 알고 사용하게 하는 것에 중점을 두어야 한다. 이러한 예는 구체적인 인식론이나 방법론에 차이가 있기는 하지만, 앞서 3장에서 본 포스트-구조주의적 접근법, 특히 포지셔닝 이론의 접근법과 크게 상이하지 않아 보인다.

상생화용의 기저에 담겨 있는 동양 윤리와 철학적 배경과 상호 배려와 공존을 요구하는 사회적 분위기로 인해 대부분의 상생화용 연구는 상호 배려, 격려 등의 말로 표현되는 구체적인 사례인 언어 내용에 초점이 맞추어져 있다. 언어사용에 있어서는 언어형식과 내용 두 가지가 균형을 이루어야 의사소통이 가능하므로 상생화용도 언어형식과 내용 두 측면에서 논의 되어야 한다. 이러한 예를 <예문 4.2>에서 살펴보자:

〈예문 4.2〉 (최영환 2005: 397-398; 원문 번호)

(추운 날 실내로 들어온 사람이 문을 닫지 않고 열어둔 상황에서 실
내에 있던 사람들이 들어온 사람에게 문을 닫아달라고 요청한다.)

③ "문 좀 닫아라."

④ "문 좀 닫아줄래?"

⑤ "문 닫으면 안 될까?"

⑥ "문을 닫으면 좋을텐데."

⑦ "문 좀 닫아주시겠어요?"

⑧ "문 좀 닫아주실 수 있겠어요?"

⑨ "나 감기 걸렸어."

⑩ "춥지 않니?"

⑪ "아직은 바람이 찬 듯하구나."

⑫ "환기가 다 된 것 같아."

<예문 4.2>의 ③~⑫ 문장의 의사소통 기본 목적은 '문을 닫아달라'는
'요청' 화행이다. ③~⑧은 내용의 차이는 거의 없지만, 언어형식에서 차
이가 뚜렷하다. ③은 화자가 청자에게 직접적으로 명령하는 언어를 사용
함으로써 청자는 타자로부터 명령받는 느낌이 들어 기분이 나빠질 수 있
다. ④부터 점차 부드러운 표현을 사용함에 따라 청자에 대한 대우가 높
아져 청자의 반응이 부드러워지도록 할 수 있음을 알 수 있다. 이를 볼
때, 동일한 목적을 가지고 의사소통을 하더라도 언어형식을 바꾸어 줌으
로써 상생언어 사용이 가능하게 됨을 알 수 있다. 이들에 비해 ⑨~⑫의
발화들은 언어형식과 언어표현이 담고 있는 내용을 모두 다르게 하면서
상생적 사용이 가능하게 한다. 화자의 간접적인 메시지를 통해 청자는
화자의 의도를 파악하고 스스로 응하게 되는데 최영환에 따르면 이것이

상생의 핵심이라 할 수 있다.

이처럼 상생화용 언어 사용전략은 상생화용이 언어형식과 내용을 모두 다루면서 언어사용에 중점을 두는 것이다. <예문 4.1>과 <예문 4.2>의 여러 발화들을 통해 의사소통의 상황에서 어떤 표현을 사용할 것인지는 언어 사용자의 선택에 달려 있음을 보았다. 이때 화자의 표현이 상생화용의 가치를 가지기 위해서는, 화자가 사용하는 발화의 의미 차이와 사용 맥락, 효과를 모두 알면서 필요에 따른 선택을 해야한다. 즉, 진정한 상생이 되기 위해서는 하나의 표현만을 알고 그것만을 사용하는 것이 아니라, 다양한 표현을 알고 있으면서 그중에 어떤 표현이 상대방을 가장 잘 배려하는 표현일지 고민하고 그 표현을 선택할 수 있어야 한다는 점이다.

이처럼 최영환은 상생화용은 같은 의사소통 목적을 가진 다양한 언어 표현 중 어떤 표현을 선택하여 상대방을 배려하는 내용을 전달할지에 대한 상생적 언어사용 방법에 초점을 두어야 한다는 점을 강조하였고, 상생화용은 언어사용 전략이 되어야 한다고 제언하였다. 앞에서 밝힌 것처럼, 그는 나아가 '상생언어'라는 용어를 제안하며, 상생언어의 사용 목표와 표현 전략에 대해 논의하였는데 이는 4.3절에서 상세히 소개한다.

4.3 상생언어 연구 과제 고찰

앞의 논의를 바탕으로 최영환(2006)은 의미역 확장을 위해 '상생언어'라는 용어를 쓰며 필요에 따라 '상생화용'과 '상생언어'를 함께 사용한다고 밝힌다. '상생화용'보다 일반적인 '상생언어'를 제안하는 이유 중의 하나로 상생은 국어교육 내적, 외적 모두에서 다루어져야 하기 때문이라고 본다. 이는 상생이 상극적 국어사용이 아니라 상생적 국어사용을 가르쳐야 하는 국어교육 내적 고민과 함께 사회 전반에서 인간 존중 실현 도구로서의 철학으로 여겨져야 함을 의미한다. 이에 따라, 상생언어는 의사소통하면서 동시에 상생이라는 가치를 담고 있어야 하는 특성이 있으므로 발신자와 수신자 사이의 관계와 맥락을 반드시 고려해야 할 뿐만 아니라 상극언어까지 포함하는 폭넓은 연구를 통해 상생언어에 영향을 줄 수 있는 사회적, 심리적 요인도 함께 탐구해야 한다고 주장한다.

그는 상생언어 사용의 맥락과 상생언어를 위한 언어 내용, 형식과 더불어 상생언어의 목표에 관해 논의하면서 상생언어가 단순히 언어학 영역에만 속하는 것이 아니라, 사회과학과 교육과학의 특성이 있고 또 국어교육의 일부이면서 동시에 교육 전체가 지향해야 할 가치가 있는 것임을 전제로 한다는 점을 강조한다. 또한 상생언어를 국어교육뿐만 아니라 사회적으로 널리 보편적으로 활용하기 위해서는 그때까지 상생이라는 가치에 중점을 두고 텍스트 내용 중심적이었던 연구가 텍스트와 상황맥락이 반드시 함께 수반되는 연구로 변화해야 한다는 점을 강조한다. 이에 상생언어가 사용되는 상황과 맥락과 더불어 상생언어를 위한 언어 내용과 형식, 상생언어의 목표, 상생언어의 사용전략을 좀 더 구체적으로 살펴볼 필요가 있다. 먼저 상생언어가 되기 위해 갖추어야 할 형식과 그 내용에 대해서 논의하고(4.3.1) 상생언어의 목표(4.3.2)와 사용전략(4.3.3)을 검토하고자 한다.

4.3.1 상생언어를 위한 언어 내용과 형식

상생언어 관련 연구는 상생언어의 내용을 중심으로 이루어져 왔다. 우리나라에서는 겸손, 양보, 타협, 비난 등이 그 예가 될 수 있으며, 서양에서는 앞에서도 논의한 공손 표현으로서의 '체면'에 대한 전략등을 그 예로 볼 수 있다. 특히, 체면은 상대방의 이익을 극대화하고 자신의 이익을 최소화하며 상대방의 체면 손상을 최소화하고 자신의 체면 손상을 극대화하는 전략으로, 상생언어를 사용할 때 상대방의 기분을 좋게 하고 배려하는 태도를 지니는 점에서 상생언어의 관점에서는 매우 유사한 전략으로 본다.

우리나라에서 상생언어와 관련된 언어형식에 관한 연구는 화용론에서 주로 공손 전략의 일환으로 간접화법, 대우법, 문장 유형 변경 등의 방법으로 이루어졌다. 그러나 이들을 상생언어로 수용하는 데 제약이 없지는 않다. 공손 전략 연구가 상생언어와 유사한 점은 있으나 교육적 필요나 목적으로 사용하는 것이 아닌 점, 화자(발신자) 중심의 연구인 점, 그리고 공손 전략안에서 발생하는 심리적 또는 사회적 기저를 알기 힘든 점 등은 바로 이들과 상생언어가 상통하는 점이 있어도 이들을 바로 상생언어로 받아들이는 데에는 제한점으로 작용한다고 할 수 있다.

상생언어는 특정 상황과 맥락에서 발생하는 표현으로 논의하기 때문에 일반화하기 쉽지 않은 측면이 있다. 따라서 상생언어를 위한 언어 내용과 형식에 관한 논의와 연구는 일정한 원리를 찾으면서도 교육적으로 활용할 수 있도록 체계적으로 이루어져야 할 것이다. 물론 상생언어 사용에 있어서 언어 내용과 형식, 그리고 맥락을 인식하는 것이 중요하다는 점은 계속해서 강조해오고 있는 부분이다. 또 화자-청자 간의 진정한 배려가 발생하기 위해서는 상생언어 사용을 위한 의사소통의 목표를 이해하는 것도 중요하다. 일반적으로 의사소통을 목표로 의사소통 행위가 이루어지고 있다고 인식하지만 실제로는 의사소통의 목표는 단일하지 않다. 이에 4.3.2는 의사소통의 다양한 목표와 상생언어 사용의 목표에 관해서 좀 더 고찰한다.

4.3.2 상생언어의 목표

언어는 의사소통을 위해 사용되는 도구이며 또 의사소통을 위해 다양한 기능을 가지고 있다. 즉, 언어의 다기능성은 언어 행위가 의사소통을 위한 목표 이외로 여러 가지 기능을 동시에 달성하기 위해 여러 요소를 통합하는 특성을 의미한다(최영환 2006: 267). 의사소통 행위의 목표는 의사소통이라는 본래의 '실질 목표'와 인간 관계 관리 등의 '도구 목표'로 나누는데, 공손 표현은 일반적으로 도구 목표로 분류된다. 이때, 의사소통의 실질적인 목표 달성에 도움이 되기 때문에 공손 표현을 사용하지, 역으로 상대방을 존중하고 배려하기 위해 의사소통도 잘 되지 않는데 공손 표현을 선택하지는 않는다. 이런 점에서 도구 목표는 상생이 언어사용의 기본이 되지 못하고 다른 것의 수단이 되는 목표로 작용하기 때문에 공손 표현을 상생언어의 목표라고 보기 어렵다. 그러나 상생언어에 인간 관계 관리를 위한 도구로서의 목표를 초월하여, 인간 존중의 의도를 담은 언어를 사용하는 목표, 즉 '상생 목표'를 설정할 수 있다. 이때, 상생 목표라는 표현을 사용함으로써 언어가 의사소통 도구의 역할을 초월하여 상생의 도구가 되면서 윤리적, 사회적 요구를 구현하는 기반이 될 수 있고, 상생이 언어사용의 핵심이 되게 할 수 있으며, 상생언어가 의사소통의 실질 목표를 전제로 해야 함을 보여주는 중요한 역할을 한다는 점을 부각할 수 있는 것이다.

상생언어의 표현에는 일련의 과정이 있는데 먼저 특정 목표가 설정이 되면 그 목적을 달성하기 위하여 언어 내용을 설정하고 그것을 표현하기 위하여 언어형식을 결정한다. 그리고 나서 결정한 표현과 대치 가능한 여러 가지 표현을 나열하고 그중에서 상생정도를 판단하여 필요한 표현을 결정한다. 상생언어 이전에는 의사소통에 있어서 실질 목표 달성과 그 목표를 달성하기 위해 청자, 혹은 수신자의 특성을 분석하는 것에 초점이 맞추어져 있었다. 그러나 상생언어에서는 의사소통 대상자에게 관심을 두고 인간으로서 존중하는 것으로 초점이 변화하게 되는 것이다. 이제 이러한 표현을 사용하는 전략을 살펴보도록 하자.

4.3.3 상생언어 사용전략

상생언어는 그 형식과 내용으로 형성되므로 그 언어의 형식과 내용이 상생정도를 결정하게 된다. 이때 일반 언어가 상생언어가 되기 위해서는 내용의 변환 과정을 거치게 된다. 이러한 변환의 과정은 의사소통의 실질 목표에 상생 목표를 함께 다루게 되는 것으로, 내용 변환형(형식은 그대로 두고 내용만 상생적으로 바꾼 형태), 형식 변환형(내용은 그대로 두고 형식만 상생적으로 바꾼 형태), 내용형식 변환형(내용, 형식 모두 상생적으로 바꾼 형태)으로 구분할 수 있다(최영환 2006: 277). 이들 각각을 살펴보자.

첫째, 내용 변환형은 상생언어에서 가장 기본적인 형태라고 할 수 있다. 위의 <예문 4.1>에서 며느리가 유통기한이 지난 우유를 사 왔을 때

②처럼 "얘야, 네가 날짜 지난 것을 사 왔구나?"라고 하는 대신에 ①처럼 "얘야, 슈퍼주인이 날짜 지난 것을 팔았구나?"라고 표현하거나, <예문 4.2>와 같은 상황에서 '문을 닫아라'를 실현하기 위해 '문이 열려있네'라고 표현하는 경우 등이 여기에 속한다.

둘째, 형식 변환형은 <예문 4.2>의 ④~⑧에서 본 바와 같이 문을 닫아달라는 의도를 명령문에서 의문문 또는 청유문으로 형식을 변환해 상생언어가 되는 유형이다. 또 이때 상생의 정도도 달라짐을 알 수 있다.

셋째, 내용형식 변환형은 상생언어의 가장 일반적인 형태라 할 수 있다. 이 형태는 해당 용어가 나타내듯이, 내용 변환형과 형식 변환형의 조합에 의해 만들어진다. <예문 4.2>에서 '문을 닫아라'는 의사소통 목표 실현을 위해 ⑩ "춥지 않니?"와 같이 표현하는 경우를 들 수 있다. 이때 그 내용은 의사소통의 초점이 수신자의 느낌으로 옮겨졌고, 형식도 명령문에서 의문문으로 바뀌었다.

이처럼 상생언어의 내용과 형식을 논의함에 있어서 중요한 점은 선택성과 의도성이다. 이를 논의하기 위해 아래의 <예문 4.3>을 살펴보자:

〈예문 4.3〉 (최영환 2006: 279의 설명 중에서 재구성)
(외출에서 돌아와서 실내가 어두울 때 실내에 있던 사람에게 불을 켜 줄 것을 요청한다.)
① "불 좀 켜라."
② "어둡지 않니?"

이 예문에서처럼 외출에서 돌아와서 실내가 어두울 때 실내에 있던 사람에게 ①의 "불 좀 켜라"라고 말할 것을 내용과 형식 모두 변환하여 ②의

"어둡지 않니?"라고 표현하면 동일한 의사소통 목표를 가지고 있으면서도 상대방을 배려하는 표현이 될 수는 있다. 그러나 이때, 만약 화자(발신자)가 ①과 ② 두 가지 메시지를 모두 가지고 있으면서 상대방을 배려하여 ②를 선택하여 사용했다면 이는 상생언어라고 할 수 있다. 반면에 만약 그가 ①, ② 두 가지 중 하나만 가지고 있고 그 표현을 발화했다면 상생언어라 할 수 없다. 이는 화자는 별다른 선택 과정이 없이 가지고 있는 하나를 그저 발화하는 것으로, 여러 가지 표현 중 어떤 표현이 상대방을 배려하고 존중하는 표현일지 선택하는 과정과 의도성이 없기 때문이다.

이처럼 의사소통에 있어서 '선택성'과 '의도성'은 상생 언어사용 판단에 중요한 요소가 될 수 있다. 즉, 동일한 의사소통 목표를 가지고 있는 표현이라고 하더라도 상대방을 '배려'하는 의도성을 가지고 발화했는지 아닌지 여부에 따라서 상생언어일 수도 아닐 수도 있다. 나이 많은 사람이 나이 어린 사람에게 감사 표현을 할 때 하대하지 않고 상대방에 대한 존중과 고마움의 의도를 담은 표현을 쓰면 상생성이 높아지듯이 상생언어가 상생성을 드러내기 위해서는 일반적인 언어사용 규범(어른은 나이 어린 사람들에게 반말하며 하대해도 된다는 인식)을 깨야 할 경우도 있는 것이다. 의도성 이외의 상생언어 판단 기준이 앞으로 다양하게 논의되어야 하지만, 최영환은 상생언어는 화자가 말할 수 있는 다양한 표현 중에 상대방을 존중하려는 의도를 가지고 그 메시지를 선택하는 행위가 반드시 수반 되어야 한다는 점을 강조한다. 또 이러한 점은 3장에서 논의한 포지셔닝 이론의 선택성과는 상통하는 측면이 있으나 반면에 포지셔닝 이론은 화자의 의도성은 그다지 고려하지 않았다는 점에서 향후 더 깊은 고찰과 논의가 필요할 것이다. 특히 포스트-구조주의 담화분석의 관점에서 저자의 죽음과 독자의 탄생을 논했던 점을 고려하면, 상생언어의 관점은 상생을 논하고 있음에도 여전히 화자(발신자)나 저자를 중심으로 하고 있다는 점에서 서로 간극이 있다. 이러한 점들은 향후 더 연구가 필요한 사항들이다.

지금까지 이 절은 의사소통에 있어 상생언어의 목표는 발신자가 수신자를 존중, 혹은 배려하려는 의도이며, 언어형식과 의미를 변환시키면서 발신자의 의도를 담을 수 있음을 고찰하였다. 또한 의사소통의 목표를 달성하기 위해서 형식과 내용을 함께 변환하는 것이 상생언어로서 가장 일반적이며, 상대방을 배려하는 표현의 상생 정도가 낮은 것에서 높은 것으로 바꾸면서 상생성을 높일 수 있음을 살펴보았다. 또 이때 상생언어의 선택성과 의도성이 중요함을 살펴보았다. 다음 절은 기존의 상생화용을 재개념화하고 교육적 방향을 제시한 연구 내용을 살펴보고자 한다.

4.4 상생화용의 확장으로서의 상생 지향 화법 연구 고찰

4.4.1 상생 지향 화법의 개념

양수연(2019)은 '상생 지향 화법'의 개념을 제안하며, 상생 지향 언어의 개념과 언어사용의 특성을 바탕으로 한 구체적인 화법 양상과 교육적 함의를 논의하였다. 상생 지향 화법은 기존 상생화용을 재개념화한 것이며, 대인(對人) 배려 차원의 의미를 넘어선 넓은 개념으로 생태학적 의미까지도 포함한다. 이러한 점에서 초기 상생화용론부터 인식론적 체계에 남아 있던 영역을 고찰하여 광의의 배려도 논한다는 점에서 이 절은 그의 연구를 소개한다.

의사소통의 변화는 궁극적으로 인간 경험의 질적 변화에 중요한 결과를 가져다준다. 상극을 넘어서 상생과 공존을 위한 국어 사용을 지향할 때 학습자들이 경험하는 삶의 질은 달라질 수 있다. 이런 점에서 상생 지향 화법 교육을 통해 학습자의 삶을 변화시킬 수 있다고 볼 수 있다.

상생의 사전적 의미 중 음양오행설에서 사용하는 상생의 의미는 상호 보완적 힘과 관련되어 있고 보편적으로 사용하는 의미는 한자어 그대로의 의미, 즉 서로 북돋우고 다 같이 잘 살아가는 것이다. 더불어 영어 사전에서 상생의 의미를 찾는다면 양쪽 모두 승리(win-win)하는 관계가 상생이라고 할 수 있을 것이고 양쪽 모두 패배할 경우는 상생이라고 할 수 없을 것이다.[54] 이와 같은 화자와 청자의 상생관계는 좀 더 자세하게는 <표 2>와 같이 나타낼 수 있고, 각 유형에 관한 예시는 <예문 4.4>에서 볼 수 있다(각각 양수연 2019: 171):

		청자	
		win	defeat
화자	win	① 우호, 칭찬, 친교	② 꾸중, 질책, 비판
	defeat	③ 양해, 사과, 용서	④ 비난, 언쟁, 분쟁

〈표 2〉 대화 상황에 따른 화자와 청자의 관계 및 화행의 성격

---

54 그는 영어 사전에서 상생과 관련된 표현으로 'win-win(상생, 모두에게 유리한)', 'win-win relationship'(상생 관계), 'co-existing politics'(상생 정치), 'coexistence philosophy'(상생 철학)을 소개하였다.

〈예문 4.4〉

(엄마는 방 청소를 하고 있고, 아들은 소파에 앉아서 TV를 보고 있
는 상황)

① 엄마A: 청소를 하는 동안만 창문을 열어도 될까?

② 엄마B: 청소할 때 누워 있으면 먼지를 많이 마시게 돼.

　　　　　창문 좀 열어라!

③ 엄마C: 좀 춥겠지만, 먼지가 많이 나니 잠시만 창문을 열게.

④ 엄마D: 넌 맨날 누워서 TV만 보니?

　　　　　엄마가 지금 힘들게 청소하고 있는 것 안 보이니?

<표 2>와 <예문 4.4>의 ①은 화자와 청자 모두 win-win 하는 관계로 상생이라고 볼 수 있다. 청소하는 동안 창문을 열어야 하는 목표를 달성하기 위해 화자인 엄마A가 청자인 아들에게 명령하지 않고 "청소를 하는 동안만 창문을 열어도 될까?"라고 의문문의 형식과 청유 표현을 사용함으로써 청자의 기분을 상하지 않게 하여 서로 우호적인 관계를 유지할 수 있다. 반면에 <표 2>와 <예문 4.4>의 ④는 대화할 때 화자와 청자는 서로 상처를 입고 패배하는 defeat-defeat 관계인 상극 관계라 할 수 있다. 엄마D는 청자인 아들에게 비난조와 일반화('맨날')하는 표현을 사용해서 책망하고 있다. 이를 듣는 아들도 기분이 상해 패배감에 빠지게 된다.

이들에 비해 <표 2>와 <예문 4.4>의 ②와 ③의 경우와 같이, 화자와 청자 가운데 한 사람만이 승리하고 나머지는 패배하는 관계는 상생관계인지 상극관계인지 단정하기가 쉽지 않다. 이는 화자의 발화 의도성과 관련이 있는데, 진정한 소통은 발화 상황 자체에만 국한할 것이 아니라 발화 이후의 관계까지도 고려해야 하기 때문이다. ②의 경우는 꾸중, 질

책, 비판을 듣는 청자, 즉 아들의 입장에서 당장 패배하는 것으로 생각될 수도 있다. 그러나 만약 화자가 청자를 걱정과 격려하는 마음에서 이루어진 화행이라면 화자와 청자의 관계 자체는 상생이라고 볼 수 있을 것이다. 이와 마찬가지로 ③의 경우도 양해, 사과, 용서를 구하는 화자, 즉 엄마C의 말은 화자가 패배하는 것으로 생각될 수도 있다. 그러나 화자의 발화 의도가 청자와의 상생적 관계를 도모하기 위한 것이라면 화자와 청자의 관계는 상생적 관계라고 할 수 있다.

이러한 예들을 고려하면 상생 지향 화법은 단순히 언어 자체만으로 '배려하는 말', '청자에게 듣기 좋은 말'을 하는 것이 아니라 화자와 청자 간의 '상생적 관계'를 지향하는 말을 하는 것을 뜻한다. 또 상황과 맥락에 따라 화자가 청자에게 항상 좋은 말만 할 수 없는데도 화자가 청자를 배려하기 위해 하는 말은 자칫 '겉만 번지르르한 말'이나 최근 많이 쓰이는 표현으로 '영혼 없는 말'이 될 수 있다. 이런 점에서 상생 지향 화법은 상생적 관계를 지향하는 발화자의 의도가 담겨 있어야 한다고 보는데, 이는 앞서 4.3절에서 소개한 바와 같이 최영환(2006: 259)이 상생언어 표현 사용에서 의도성 여부를 강조한 것과 마찬가지 입장이라고 할 수 있다.

또 양수연은 상생 지향 화법은 대립 또는 갈등 상황이 존재하는 상극관계에서 특히 필요하다고 보았다. 이는 상극관계에서는 화자와 청자가 사용하는 언어에 따라 관계 양상이 많이 달라질 수 있기 때문이다. 그러므로 상생 지향 화법은 서로 상극인 사람들이 대화를 통해 궁극적으로 상생의 관계에 이르게 할 수 있다는 중요한 의미를 지닌다. 상생 지향 화법의 이러한 역할과 목표는 <그림 6>처럼 나타낼 수 있다(양수연 2019: 175):

〈그림 6: 상생 지향 화법의 목표〉

<그림 6>에서 '몰(沒) 관계'란 특정한 관계를 맺지 않는 일회성 만남이
나 형식적인 관계를 의미하는데, 이 관계에 있는 두 주체는 특정한 사건
또는 경험을 통하여 특정한 관계에 놓이게 된다. 특정한 사건 또는 경험
속에서 두 주체가 사용하는 화법에 따라 상생 관계가 될 수도 있고 상극
관계가 될 수도 있다. 그러므로, 상생 지향 화법 교육의 궁극적인 목표는
몰관계에 있는 두 주체가 상생 지향 화법을 사용하여 상생적 관계로 나
아가게 하는 것이다.

이러한 점에서 상생 지향 화법은 발화 상황의 상생에만 국한되지 않
고, 발화 혹은 소통 주체 간의 잠재적 이해관계에 의한 대립을 해소하고
관계의 상생을 지향하는 화법이다(양수연 2019: 176). 이는 타인 배려뿐
만 아니라 자기 배려, 공동체 배려, 세계에 대한 배려를 포함한 넓은 의
미의 배려이며, 5장에서 좀 더 자세히 소개할 Noddings가 제시한 배려
의 개념과 상통한다고 볼 수 있다. 또 최현섭이 주창한 상생화용(론)의
광의의 인식론을 좀 더 명시적으로 언급하려는 노력이라고 할 수 있다.

이러한 상생 지향 화법의 개념과 목표를 바탕으로 4.4.2는 상생 지향
화법의 양상과 특징을 소개하고자 한다.

4.4.2 상생 지향 화법의 양상과 특징

상생 지향 화법의 양상 층위는 소통의 주체, 그리고 소통 주체 간의 발화 장면, 그리고 분석 담화에 따라 분류된다. 또 소통의 주체 그 규모에 따라 대인적 관계, 사회적 관계, 공동체적 관계로 분류할 수 있다. 이를 일목요연하게 나타내면 <표 3>과 같이 정리할 수 있다. 이들 각각을 좀 더 자세히 아래에서 논의하도록 한다:

	대인적 관계	사회적 관계	공동체적 관계
소통의 주체	1 : 1	1 : 다수	다수 : 다수
발화 장면	발화 당시 상황과 관련	소통 주체를 둘러싼 사회집단의 이해관계와 관련	역사 및 공동체 의식과 관련
	시·공간 맥락의 차원	사회·문화적 차원	거시적·통시적 차원
분석 담화 (텍스트)자료	구어	구어	구어 및 문어

〈표 3〉 상생 지향 화법의 분석 틀(양수연 2019: 177)

4.4.3 대인적 관계에서의 상생 지향 화법의 양상

<표 3>이 나타내듯이, 먼저 대인적 관계에서의 상생 지향 화법의 양상은 소통의 주체가 1:1인 상황이고 발화 장면은 발화 당시의 상황과 관련이 있다. 앞서 4.4.1에서 제시한 <표 2>의 화자와 청자의 관계에 따른 화행의 성격 네 가지를 바탕으로 대인적 관계의 상생 지향 화법의 양상을 정리하면 다음과 같다.

첫째, <표 2>의 ①: 화재[win]-청재[win], 우호, 칭찬, 친교의 경우로 <예문 4.5>가 그 예를 보여준다:

〈예문 4.5〉(양수연 2019: 178; 원문 밑줄)
(엄마는 빨래를 널고 있고, 아들은 소파에 앉아서 TV를 보고 있는
상황)
엄마A: 창문 좀 열어라!
엄마B: 공기가 탁하네. 잠시만 창문을 열어도 될까?

엄마A와 엄마B의 표현 중에서 상생 지향 화법은 엄마B의 표현인데 상
대방에게 정중하고 공손한 말을 함으로써 상대방의 이익을 극대화하는
화법을 사용했기 때문이다(Leech 1983: 131-150). 하지만 구체적 상황
맥락이 드러날 때는 엄마 A의 발화가 상생 지향 화법이 될 수도 있다.
아래의 경우를 보자.

둘째, <표 2>의 ②: 화자[win]-청자[defeat], 비판, 꾸중, 질책의 경우
로 <예문 4.6>의 사례에서 볼 수 있다:

〈예문 4.6〉(양수연 2019: 178-179; 원문 밑줄)
엄마: (빨래를 널고 있는 중) 공기가 탁하네.
아들: (소파에 앉아 TV를 보면서) 창문을 열면 추울텐데…
엄마: 그래도 창문을 열어서 환기를 시켜야 해.
아들: 지금 TV 보고 있으니까 엄마가 여세요.
엄마A: (빨래를 털면서) 창문 좀 열어라!

상생 지향 화법은 발화 혹은 소통 주체 간의 잠재적 이해관계에 의한 대
립을 해소하는 화법이라는 점을 염두에 두고 엄마A의 발화를 살펴보자.
이는 아들의 다소 예의 없는 태도와 발화에 대해 교육적으로 질책과 꾸
중이 필요한 맥락이다. 그러므로 엄마 A의 발화는 상생 지향 화법이라고

할 수 있다.

셋째, <표 2>의 ③: 화자[defeat]-청자[win], 양해, 사과, 용서의 경우로 <예문 4.7>의 경우라 할 수 있다:

〈예문 4.7〉 (양수연 2019: 179; 원문 밑줄)
영민: 야, 너 내 체육복을 말도 안 하고 가져가서 나 참 곤란했어.
경호: 아, 그랬구나. 숙제하느라 바빠서 못 가져다줬어.
영민A: 많이 바빴나 보구나. 그럴 수도 있지, 뭐.
영민B: 넌 왜 네 생각만 하니? 넌 참 이기적이구나.
　　　　내 입장도 고려해야지.
경호: 아, 정말 미안하다. 다시는 안 그럴게. 네가 참 곤란했겠구나.

<예문 4.7>에서 영민A의 발화는 상대방의 입장을 배려하면서 상대방의 처지에 대해 공감하고 있으므로 상생적 언어사용이라고 여겨진다. 하지만, 실제 상황에서 영민A처럼 말한다면 화자와 청자 사이에 힘의 관계가 존재하는 관계이거나 비정상적인 관계일 가능성이 높아서, 오히려 상생 화용 화법으로 보기 힘들다. 오히려 상대방을 비난하는 것처럼 보이는 영민B의 발화가 상생 화용 화법이라고 할 수 있을 것이다. 이는 맥락적으로 볼 때 영민B와 경호가 동등하고 서로 존중받는 관계임을 알 수 있고, 상대방인 경호로부터 진정한 사과를 이끌었기 때문이다.

넷째, <표 2>의 ④: 화자[defeat]-청자[defeat], 비난, 언쟁, 분쟁의 경우로 <예문 4.8>에서 그 예를 찾을 수 있다:

〈예문 4.8〉 (양수연 2019: 180; 원문 밑줄)
영민: 넌 왜 네 생각만 하니? 넌 참 이기적이구나.

내 입장도 고려해야지.

경호: <u>아 그까짓 거 가지고 그러니, 친한 친구 사이에 그럴 수도 있</u>
<u>는거 아냐? 너도 옛날에 그런 적 있잖아. 시험 직전에 내 공</u>
<u>책 빌려 가서 나 시험 망친 적 있었잖아.</u>

영민: ?

여기에서 화자-청자 간에 발생한 갈등 상황에서 영민이 상생 지향 화법을 사용한다고 해서 <예문 4.7>처럼 청자인 경호가 무조건 사과하고 자기의 잘못을 뉘우치는 것은 아니다. 이미 4.4.1에서 <그림 1>을 통하여 화자와 청자가 어떤 표현을 사용하느냐에 따라 그 표현이 상생이 될 수도, 상극이 될 수도 있음을 살펴본 바 있는데, 상생 지향 화법은 상극을 개선 또는 극복하는 화법이기 때문에 위 상황에서 영민은 궁극적으로 상생적 관계를 지향하며 대립을 해소할 수 있는 언어를 사용해야 할 것이다.

지금까지 여러 가지 예시를 통해 대인적 관계에서 상생 지향 화법의 양상을 살펴보았다. 청자의 기분을 좋게 만들기 위해 소위 '영혼 없이' 말만 '번지르르하게 하는 것'은 상생언어가 아니며, 화자와 청자 간의 갈등 상황에서 관계 향상을 위한 상생언어 사용이 필요함을 고찰하였다. 이제 소통 주체를 1:1에서 1:다수로 넓힌 사회적 관계에서의 상생 지향 화법의 양상을 살펴보자.

4.4.4 사회적 관계에서의 상생 지향 화법의 양상

사회적 관계에서의 상생 지향 화법은 소통의 주체가 대인적 관계 층위에서보다 소통 주체를 둘러싼 다양한 이해관계들의 상생적 관계를 지향하는 특징을 지닌다. 유명한 황희 정승 일화를 살펴보면, 황희 정승이 하인 부부가 각기 아버님 제삿날에 개가 새끼를 낳자 제사를 드려야 하는지 묻자 아내 하인과 남편 하인에 대해 각각 상충되는 대답을 하는 것은 그가 상생 지향적 의도를 실현하기 위해 상황적 정체성을 다양하게 선택하고 구성한 것이라고 볼 수 있다.55 황희 정승은 해당 소통 주체가 맺고 있는 또 다른 이해관계를 고려하여 그에 따라 상대방의 마음을 이해하면서 대화를 나누면서 상생 관계를 유지한 것이다.

이에 관해 최인자(2006: 405)는 상호교섭의 사회적 층위에서는 정체성과 역할이 고정적으로 주어지는 것이 아니라, 상황적 정체성, 사회적 정체성 등으로 다양화되고 개인은 이 가운데 선택함으로써 자신의 의도를 실현하며 주체적으로 소통에 참여하는 것이라고 하였다.56 상호교섭 과정에서 정체성의 선택과 구성은 상황에 따라 상생 지향 화법을 실천하는 매개가 될 수 있으므로 결과적으로 사회적 관계 층위의 상생 지향 화법은 발화 상황에 참여한 사회구성원의 상생을 지향하는 화법이라고 할 수 있다.

이처럼 소통 주체를 1:다수로 넓힌 사회적 관계에서의 상생 지향 화법의 양상을 살펴보았는데, 이제 소통 주체를 다수:다수로 넓혀 공동체적 관계에서의 상생 지향 화법의 양상을 살펴보자.

---

55 해당 일화에서 정승 부인의 핀잔에 대해 황 정승은 "대체로 아내는 시댁 제사를 드리기 싫어하기에 지내지 않아도 된다고 한 것이고, 남편은 제사를 드리고 싶어 하기에 제사를 드리도록 했을 뿐이오"라 답변하였다(양수연 2019: 182-183)

56 최인자(2006)는 상호교섭의 중층적 기제를 상호교섭의 인지적 층위, 정의적 층위, 사회적 층위, 존재론적 층위, 윤리적 층위로 구분하여 설명하였다.

4.4.5 공동체적 관계에서의 상생 지향 화법의 양상

앞서 <표 3>이 제시한 바와 같이 공동체적 관계에서 소통의 주체는 다수:다수이며, 이러한 관계에서의 상생 지향 화법의 양상은 소통의 주체가 역사 혹은 공동체 의식과 관련이 있을 때 드러난다. 이는 대화가 이루어지고 있는 배경으로서 공동체 집단 구성원의 입장이나 민족 문화 의식을 염두에 두는 것이라 할 수 있다. 또 역사 및 공동체 의식과 관련이 있기에 거시적, 통시적 차원의 발화 장면과 연결된다.

공동체적 관계에서의 상생 지향 화법이 드러난 사례로 양수연은 이중섭 화가의 일화를 드는데, 이를 여기서도 짧게 소개하면 다음과 같다. 1955년 이중섭 화가의 전시회에서 그의 소 그림을 본 아서 맥타카트 박사가 스페인의 투우만큼 힘차다고 했는데, 이를 들은 이 화가는 화를 내면서 스페인 소가 아니라 한국의 '소'라고 소리치고 나갔다.[57] 이때 이중섭 화가는 청자에게 일반적으로 화를 버럭 내며 말하고 있다는 점에서 그의 말은 청자를 배려하고 화자와 청자를 상생관계에 도달하게 하는 화법이라고 볼 수 없다. 하지만 이중섭 화가는 일제강점기를 겪었고 소를 통해 우리의 민족성을 표현하고자 하였으므로 이런 민족 공동체 의식과 역사의식에 근거하여 화를 냈던 것이다. 따라서 표면적, 혹은 상황상으로는 상생적이지 않으나 궁극적, 혹은 민족적으로는 공동체의 상생을 지향하는 화법으로 볼 수 있다.

그러므로 공동체적 관계에서의 상생 지향 화법은 상대방과 다른 견해를 표현할 때 상생적 화법을 사용하지 않지만, 화자는 스스로 개인이 속

---

[57] 양수연(2019: 185)이 박명윤(2016년 9월 29일 자)을 인용한 것을 재구성함.

한 공동체와 분리될 수 없는 존재임을 인식하면서 궁극적으로 공동체 구성원의 입장과 의식을 대변하게 된다. 공동체적 관계에서의 상생 지향 화법은 발화 상황 당사자의 관계나 사회적 관계에서는 화자-청자의 관계가 <표 2>에서 ②의 win-defeat 또는 ③의 defeat-win일 수 있으나, 궁극적으로는 역사의식이나 공동체 의식을 형성하는 데 기여하는 화법으로 볼 수 있다.

지금까지 상생 지향 화법의 개념과 세 가지 층위에서의 상생 지향 화법의 양상 및 특징을 살펴보면서 상대방을 배려하고 단순히 칭찬하는 화법이나 형식적으로 표현하는 공손한 화법은 진정한 의미의 상생 지향 화법이 될 수 없음을 알 수 있었다. 이를 바탕으로 양수연(2019: 188-189)은 상생 지향 화법 교육은 첫째, 대화를 바탕으로 낯선 타자와의 만남을 통해 자신의 경험의 지평을 넓히는 동시에, 타인에 대한 진정한 이해에 이르는 교육, 둘째, 상극을 개선 또는 극복하는 교육, 셋째, 규범 중심의 국어교육과 기능 중심의 화법 교육에서 벗어나 인성 교육과 더불어 언어의 윤리적 측면에 관한 교육이라는 점에서 그 교육적 함의를 찾을 수 있다고 제언한다.

지금까지 이 장에서 본 것처럼 상생화용, 상생언어, 상생 지향 화법 등은 상생의 개념에 배려를 넣어 체계를 구축하고 언어교육, 특히 국어교육에 상생 관련 교육이 중요하다는 점을 강조하였다. 국어교육에서 배려교육에 관련된 많은 연구가 상생과 관련되나 모든 연구가 그런 것은 아니다. 이에 다음 절에서는 그 범위를 조금 확장하여 상생과의 관련 유무와 무관하게 국어교육과 관련된 선행 연구를 검토하여 상생계 연구와의 보완을 모색하도록 한다.

4.5 국어 교과교육에서의 배려 연구

인간관계에 있어서 타인과의 의사소통은 정보 교환이나 정보 공유의 역할만 하는 것이 아니라 공동체를 형성하고 문화로 발전하기도 한다. 의사소통에서 타인과의 관계 형성은 긍정적인 결과로 이어질 수도 있고 부정적인 결과로 이어질 수 있다. 타인과의 긍정적인 관계는 의사소통을 할 때 드러나는 배려에 의해 형성된다. 학습자의 인성 함양을 위한 교육의 필요성과 타인과의 소통과 상생을 위해 서로 배려하는 태도를 요구하는 사회적 분위기는 교육과정의 변화를 이끌기도 한다. 앞서 2장에서 소개한 것처럼, 인성 교육을 강조한 <2009년 교육과정>에서는 듣기·말하기 영역에서 '태도'의 하위 요소로 '공감과 배려'가 제시되었고, 핵심 역량을 강조하는 <2015년 교육과정>에서는 국어과에 '공감하며 듣기'나 '배려하며 말하기'가 학년군별 내용 요소로 제시되었다. 교육과정에서 '배려'를 제시하는 것은 상대방을 배려하는 언어사용이 부족했던 이전의 국어교육을 보완하고 의사소통의 목적만을 강조했던 언어교육의 방향이 변화되어야 할 필요가 있다는 것을 의미하는 것이다. 서현석(2016)이 강조했듯이, 국어교육은 우리의 말과 글을 통하여 개인과 공동체의 의사소통적인 삶에 관여하는 학교 교육의 중요한 영역이며 학습자가 언어사용의 방법과 지식을 정확히 아는 것보다 올바른 국어사용의 가치와 의미를 알고 의사소통에 지속적으로 적용할 수 있도록 하는 역할을 해야 한다. 국어사용에 있어서 배려를 표현하도록 가르치고 독려하는 교육적 접근에 대한 필요성이 강조되어온바, 이 절에서는 국어교육에서의 배려를 중심으로 한 연구를 살펴보면서 배려적 언어사용 교육내용을 검토하도록 한다.

4.5.1 국어 교과교육에서 배려 연구의 동향

국어 교과교육에서 배려 연구의 동향에 관한 논저는 서현석(2016)이 비교적 시의성을 띠면서도 포괄적이다. 이에 여기서의 고찰은 그의 논의를 요약하도록 한다. 그는 교육과정의 변화와 함께 국어교육에서 배려의 의미와 중요성을 강조하며 국어교육에서 논의되는 배려의 개념과 내용을 상생화용과 인성 교육의 관점에서 살펴보았다. 이전의 국어교육은 상대방을 배려하는 태도와 언어사용에 대한 교육이 다소 부족했고 일방적 언어소통에만 초점이 맞추어있었기 때문에 서로 소통하고 배려하여 쌍방향적인 언어소통에 관심을 기울여야 함을 강조하는 상생화용의 개념이 국어교육에 적용되어야 할 필요성을 강조하였다. 그가 강조한 개정 교육과정에서 국어교육의 중점을 요약해 보면 다음과 같다.

학교폭력이 학교 현장과 사회적으로 문제점으로 대두되면서 인성 교육의 중요성이 강조되었고, 학교폭력 중 언어폭력이 큰 비중을 차지하면서 <2009년 개정 국어과 교육과정>에서 '바른 언어 사용'을 위한 내용 성취기준으로 '배려하는 표현'이 제시되었다. 이어 <2015년 개정 국어과 교육과정>에 '의사소통 능력'과 '대인관계 능력'에 기여하는 국어과 교육의 목표가 설정되었다. <2015년 개정 교육과정>에서 추구하는 핵심 역량 교육 중에서 '의사소통 역량'은 "음성 언어, 문자 언어, 기호와 매체 등을 활용하여 생각과 느낌, 경험을 표현하거나 이해하면서 의미를 구성하고 자아와 타인, 세계의 관계를 점검·조정하는 능력"을 의미한다(교육부 2015).[58] 또한 서현석은 '공동체·대인관계 역량'을 함양하기 위해서는

---

[58] 교육부(2015)의 <2015년 개정 교육과정>은 국어과 핵심 역량으로 비판적·창의적 사고 역량, 자료·정보 활용 역량, 의사소통 역량, 공동체·대인관계 역량, 문화 향유 역량, 자

타인을 배려하는 국어사용 및 태도가 강조되며 이는 상생화용의 배려를 바탕으로 한 교육이 해결책이 될 것이라고 제언하였다.

그는 국어교육이 추구하는 국어사용 능력은 타인과 의미를 생성하고 공유하는 데 필요한 종합적인 사고 능력이며, 그 과정에 배려가 관여되어야 한다고 강조하면서, 학생들이 일상생활에서 배려를 실천하기 위해서는 국어 수업을 통하여 다양한 상황에서 구체적인 배려의 방법적 지식을 익힐 필요가 있다고 주장하였다(서현석 2016: 504). 그러므로 국어교육은 학생들의 배려적 사고 확장과 배려하는 표현을 다양한 공동체에서 사용할 수 있도록 수업 활동을 구성하여 그 방법을 익힐 수 있도록 하고 공교육을 통한 국어교육의 실천 방안에 좀 더 관심을 기울여야 한다는 점을 강조하였다.

지금까지 서현석(2016)의 논의를 중심으로 <2009년 개정 국어과 교육과정>과 <2015 개정 국어과 교육과정>에서의 배려교육의 도입 배경과 국어 교과교육에서 추구하는 국어 사용 능력에서 배려의 중요성을 살펴보았다. 이를 통해 학생들이 배려하는 표현을 배우고, 익히고, 활용하여 타인을 배려하는 삶을 살 수 있는 국어 교과교육 활동의 중요성과 필요성을 검토하였다. 그러나 배려교육을 이처럼 단독 교과 내에서 단독교과교육으로만 시도한 것은 아니다. 이에 4.5.2는 배려교육을 중심으로 교과간 통합 교육에 관한 연구를 검토해 본다.

기 성찰·계발 역량 등 여섯 가지를 설정하였다.

4.5.2 배려교육 중심으로 교과 통합 교육 연구 동향

4.5.1에서 살펴보았듯이 국어교육의 목표는 우리말을 바르게 사용하는 것뿐만 아니라 국어를 통해 바르게 사고하며 상대방을 배려하는 태도로 말하고 행동하게 하는 교육을 지향해야한다. 구본관(2017)은 국어교육에서 강조하는 윤리적인 부분이 어느 정도 도덕 교과와 통합되는 부분이 있고 배려가 국어과와 도덕과의 통합의 중요한 고리가 될 수 있을 것으로 보았다. 배려 관련 통합 교과교육 연구가 아직은 많지는 않은 것으로 보여 여기서는 그의 연구를 소개하는 것으로 동향 파악을 가름하는 것으로 한다.

개인주의와 이기주의가 팽배해진 사회에서 타인에 대한 배려 부족으로 많은 갈등이 야기되면서 배려교육의 중요성이 강조되고 있다. 배려교육을 통해 학습자는 개인적인 영역에서의 본인의 삶과 교육 간의 괴리를 줄일 수 있게 된다. 교육 현장에서의 배려는 교사가 학생의 이름을 불러주는 것, 학생을 바라보며 말하는 것, 인사하는 것 등 다양할 수 있고 학교 교과 전반에 걸쳐 배려교육이 관련이 있다고 할 수 있다.[59] 여러 교과목 중에 특히 국어 교과의 경우 언어사용을 교육 내용으로 한다는 점에서 국어과의 모든 하위 영역의 교육에서 배려교육이 반드시 필요한 과목이다(구본관 2017: 16).

앞서 언급했다시피 국어 교과에서 강조하는 윤리적인 부분이 도덕 교

---

[59] 김수동(2003, 2004, 구본관 2017:16에서 재인용)은 역사, 문학, 예술 수업 등에서 배려교육이 가능하고 국어, 도덕, 사회 등에 등장하는 배려적 인물을 통해 배려교육이 가능하며 체육, 생물, 가정 등의 과목을 통해서 신체에 대한 배려를 교육하는 것도 가능하다고 언급하였다. 또한 미술이나 실과 수업에서 도구를 용도에 맞게 사용 후 제자리에 두는 것도 배려교육 내용이 될 수 있다고 주장한다.

과와 공통 요소이며 언어를 다루는 국어과와 도덕과의 통합을 통한 배려 교육이 효과적이므로 두 교과의 통합 교육이 필요하다. 외적인 필요성 중 하나로 국어교육을 받는 청소년들의 언어사용에서의 배려의 부재가 통합 교육의 필요성이 될 수 있다. 또한 우리나라가 다문화사회가 되어 감에 따라 다양한 문화적 배경을 가진 다문화 사회구성원을 위한 언어사용에서의 배려교육의 필요성이 높아지고 있다.

국어 교과-도덕 교과 통합 교육의 국어교육에서의 내적 필요성은 국어교육에서 배려가 매우 중요한 개념임에도 불구하고 이전의 국어교육에서 배려교육이 충분하지 않았기 때문이다. 지금까지의 국어교육의 '듣기·말하기' 영역에서는 대화 참여자들의 관계보다는 화법 전략이 강조되어 의사소통 시 상대방에 대한 배려교육이 충분하지 않았다고 할 수 있다. 또한 '문법' 영역에서 타당한 언어사용이나 높임 표현에 관한 교육 그리고 '문학' 영역에서 강조하는 '공감' 능력의 신장을 위해서도 배려교육이 꼭 필요하다. 지금까지 언급한 국어 교과와 도덕 교과와의 통합 교육의 필요성을 바탕으로 배려 중심의 국어과와 도덕과의 통합 방향을 다음과 같이 네 가지로 제시하였다(구본관 2017: 18-19).

첫째, 통합은 국어과와 도덕과의 교육의 성격에 부합하는 방향으로 이루어져야 한다. 이 연구의 논의가 언어를 중심으로 한 통합이므로 도덕과보다 국어과 교육 내용이 상대적으로 중요하게 다루어질 수 있지만, 일반적으로 통합 교과적인 접근은 어느 한 교과로 치우치지 않아야 함은 당연하고 개별 교과적 접근과 상호보완적으로 적용되어야 한다. 둘째, 통합은 인식과 실천이 조화를 이루는 방향으로 이루어져야 한다. 배려가 인식과 실천을 포함하는 개념이므로 당연히 교과 통합은 인식과 실천이 조화를 이루는 방향으로 이루어져야 할 것이다. 인식만 있고 구체적인 실천 방향이 제시되지 않으면 교과 통합의 의미는 없어질 것이다. 셋째, 통합은 자기 배려에서 타인에 대한 배려로, 동물과 식물을 포함한 생태계 전체의 배려로 나아가는 방향이어야 한다. 배려는 자기중심에서 시작해 타인과 공동체로, 세계 전체로 나아가고 인간뿐 아니라 생태계 전체의 배려로 확장되므로 배려교육 또한 광범위하게 진행되어야 한다(광의의 배려 논의 참조, 4.4절의 상생 지향 화법 참조). 넷째, 언어의 다양한 측면에서의 배려가 포함되어야 한다. 국어과와 도덕과의 통합이 언어적 측면에서의 배려가 논의되어야 함을 전제로 하고 있기 때문에 듣기, 읽기, 말하기, 쓰기뿐만 아니라 문법, 문학에 걸친 국어과 세부 영역 모두에 걸쳐 배려교육이 진행되어야 한다.

지금까지 국어 교과에서 배려교육의 중요성과 국어-도덕 통합교과로서 배려교육의 필요성을 살펴보았다. 교육적인 측면에서 배려적 언어 사용의 중요성을 더 알아보기 위해 화법교육에서의 배려 연구의 의의를 살펴볼 필요가 있다. 이는 이전의 전통적인 화법교육이 화자 중심의 일방적인 화법에 치중하였기 때문으로 대화 구성원 사이의 관계를 중요시하지 못한 경향이 있었다. 의사소통 맥락에서 화자와 청자 간의 협력적인 의미를 구성하기 위해서는 상대방을 배려하는 화법이 필요하며 이는 배려적 화법 교육을 통해 가능하다. 4.1.2에서 이미 언급했듯이 언어 사용에서의 배려교육은 고려해야 할 부분이 많아서 보편화하고 체계화하기가 쉽지는 않기 때문에 모든 상황에 맞는 교육을 할 수 없다. 하지만 화법교육에서 적용할 수 있는 배려적 화법 내용 체계를 살펴보고 교수-학습 방안을 제시한다면 의미 있는 제안이 될 수 있으므로 이어지는 절에서 배려적 화법에 대해 살펴보고자 한다.

4.6 화법교육에서의 배려에 관한 교수-학습 방안 연구

화법교육에 있어서 배려적 화법 교육이 필요하다는 제언을 한 연구에 비해 실제로 수업에 적용해 볼 수 있는 교수-학습을 위한 화법교육 내용 설계를 구성한 연구를 찾는 데 다소 어려움이 있었다. 이 절에서는 <제7차 교육과정>과 <2007년 개정 교육과정> 중, 초등학교 교육과정의 듣기·말하기 부분을 고찰하고 배려적 화법 교육의 내용 체계를 소개한 연구를 살펴보고자 한다. 국어교육 교육과정에 대해서 이미 4.5.1에서 간단하게나마 살펴보았으므로 이 절에서는 교육과정에 관한 내용은 제외하고 배려적 화법 교육 내용 부분 중심으로 소개한다.

4.6.1 배려적 화법 교육 목표와 교육 내용[60]

박미영(2009)은 <제7차 교육과정>과 <2007년 개정 초등학교 교육과정>의 듣기·말하기 부분을 고찰하고 배려적 화법 교육의 내용 체계를 소개한다. 그의 연구에서는 상당 부분에 걸쳐 교육과정에 관한 내용이 언급되어 있으나, 이미 앞 절에서 언급한바, 교육과정에서의 구체적인 변화 논의는 이번 절에서 배제하기로 하였기에 배려적 화법 교육 부분만 살펴보도록 한다. 배려적 화법 교육 내용에 관해서 논의하기 전에 배려적 화법 교육이 지향하는 바와 목표를 먼저 알아보도록 하자. 배려적 화법 교육의 목표는 학습자가 일상생활에서 능동적이고 자율적으로 배려적 화법을 수행할 수 있는 능력을 향상시키는 데 있다(박미영 2009). 배려적 화

---

[60] 박미영(2009)은 '화법 영역에서의 배려'에 대해 구체적으로 밝히기 위해 '배려적 화법'이라는 용어를 사용한다고 밝힌 바 있다.

법 교육을 통하여 학습자는 말하기와 듣기를 통합적으로 학습하면서 화자와 청자의 역할을 모두 해 볼 수 있으므로 상대방과 소통하는 능력을 키울 수 있는 특징이 있다. 그러므로 학습자는 배려적 화법의 의미를 아는 것에서 그치지 않고 일상생활에서 수행하기 위해서 배려적 화법 방법을 알고 실천할 수 있어야 한다. 이는 배려적 화법 교육은 학습자들이 수행 활동과 성찰 활동을 통하여 학습한 배려적 화법 지식을 적용하고 자신의 활동을 점검하는 경험을 할 수 있도록 구성되어야 할 필요성을 시사한다. 이 부분에 대해서는 이어서 구체적으로 언급하고자 한다.

4.6.2 배려적 화법 교육의 내용 요소

배려적 화법 교육의 목표에 이어 내용 요소를 살펴보면 크게 배려적 화법 지식과 배려적 화법 활동으로 나눌 수 있다. 배려적 화법 지식은 본질에 대한 지식(배려적 화법의 목적, 배려적 화법의 개념)과 수행에 대한 지식(배려적 화법 수행 과정 절차, 배려적 화법 수행 과정에 작용하는 언어 관련 지식과 수행 방법)으로 구분할 수 있다. 그리고 배려적 화법 활동은 수행 활동(배려적 화법 지식의 적용)과 성찰활동(배려적 화법 수행 활동의 점검 및 반성)으로 나눈다. 학습자들이 상대방과의 의사소통에서 배려적 화법을 사용하는 환경과 경험을 제공하기 위해서 화법 지식보다는 화법 활동에 대해 자세히 살펴볼 필요가 있다고 판단하여 배려적 화법 활동만 소개하기로 한다.

박미영(2009)은 활동을 통해 배려적 화법을 경험한다는 것은 학습자가 지식이나 수행방법을 스스로 적용해보면서 자기화한다는 것을 의미하며, 배려적 화법이 학습자에게 유의미해지려면 배려적 화법을 직접 수행할 수 있는 활동과 이를 점검할 수 있는 성찰 활동으로 나누어 살펴보아야 한다고 제안한다. 수행 방법과 성찰 활동 중 먼저 수행활동에 대해 알아보자. 학습자들이 학습한 배려적 화법을 실제로 경험하려면 자연스러운 맥락 안에서 상대방과 대화가 이루어져야한다. 하지만 실제 교실 환경에서는 교수자가 제시하는 인위적인 맥락 안에서 대화가 이루어지는 경우가 대부분이므로 학습과 실제 사이의 괴리가 발생하게 된다.

배려적 화법 교육에서의 맥락이란 자신이 상대방을 인식하는 태도와 상대방을 헤아리는 태도에 따라 설정될 수 있다. 배려적 화법은 대화 참여자들의 태도에 따라 의미 구성하는 양상이 달라지기 때문에 상대방에 대한 긍정적인 인식을 가졌을 때와 부정적인 인식을 가질 때 모두 다루어야 한다. 예를 들어 화자가 상대방에 대해 부정적인 태도를 지니고 발화해서 상대방이 기분 나쁘거나 상처 입을 것을 인식해서 비난이나 명령이 아니라 요청이나 권유하는 표현으로 바꾸어 말한다면 배려적 화법을 수행했다고 볼 수 있는 것이다. 또한 상대방에게 긍정적인 발화 의도를 가지고 칭찬을 하거나 감사 표현을 하였지만, 상대방이 부담스러워한다면 발화 의도를 전달하는 방법을 달리하는 전략을 사용해야 할 것이다. 결론적으로 학습자는 의사소통에서 상황이나 상대방을 어떻게 인식하느냐에 따라 배려적 화법의 작용 과정이 다를 수 있다는 배려적 화법의 맥락을 이해해야 한다. 교수자는 역할극이나 스토리텔링 등을 통하여 학습자가 등장인물이 어떤 상황에 놓여있는지 이야기하고 다양한 맥락을 제시하여 의견을 나눌 수 있는 활동을 구성하여 학습자가 배려적 화법의 맥락을 경험할 수 있는 기회를 제공해야 한다.

이어서 배려적 화법 교육에서의 성찰 활동을 살펴보기로 한다. 모든 수업 활동에서의 성찰은 매우 중요한 의미를 지닌다. 성찰을 통해 본인

스스로 수업 태도나 이해도를 점검하면서 반성하기도 하고 스스로 만족하기도 한다. 박미영(2009) 또한 배려적 화법을 성찰하는 활동이 매우 중요함을 강조한다. 학습자는 성찰 활동을 통하여 자신의 언어습관이나 태도 등을 점검하며 조정할 기회를 얻고 배려적 화법을 하는 진정한 동기들을 발견할 수 있게 된다. 성찰 활동은 자기 성찰과 상호 성찰을 통해 진행할 수 있는데, 자기 성찰은 자신의 배려적 화법에 관해 스스로 점검하는 방법으로 자기 점검표 등을 통해 성찰할 수 있다. 또한 상호 성찰은 수행 활동 후 학습자 간에 서로의 화법에 대해 의견을 나누면서 할 수 있다. 학습자는 서로의 배려적 화법에 관한 평가를 통해 상대방의 화법뿐 아니라 자신의 언어습관이나 상대방을 대하는 태도를 함께 점검할 수 있고, 자신의 배려적 의도가 상대방에게 잘 전달되었는지도 함께 확인할 수 있다. 성찰 활동을 통하여 학습자들은 배려적 언어 사용에만 국한하지 않고 자신의 언어 사용에 영향을 주는 요소나 배려적 표현을 선택할 때 자주 놓치고 있는 맥락 요소들은 무엇인지 등에 대해 깊게 살펴볼 수 있게 된다. 지금까지 소개한 배려적 화법 활동 내용을 정리하면 아래 <표 4>와 같다.

내용 범주			내용 요소
배 려 적 화 법	수 행 활 동	배려적 화법 지식의 적용	• 배려적 화법에 작용하는 언어 관련 지식수행 방법을 사용하여 표현할 수 있다. 　-듣는 이의 입장과 반응을 예상하면서 화행 의도 선택하여 말하기 　-상대방에 대해 부정적인 태도로 생성한 화행 의도 전환하여 말하기 　-상대방 입장과 반응을 고려하여 적절한 부탁 (격려, 위

			로 등)의 말하기 -상대방에게 형성될 부정적 심리적 태도를 고려하여 적절한 부탁(충고, 거절 등)의 말하기 -상대방에게 형성될 부정적 심리적 태도를 고려 하여 화행 의도 전환하여 말하기
활 동	성 찰 활 동	배려적 화법 수행 활동의 점검 및 반성	• 배려적 화법 수행 활동을 점검하고 반성할 수 있다. -상호 성찰을 통해 배려적 화법 수행 활동 점검하고 반성하기 -자기 성찰을 통해 배려적 화법 수행 활동 점검하고 반성하기

〈표 4〉 배려적 화법의 교육 내용(박미영 2009: 86-87 재구성)

지금까지 화법교육에서의 배려에 관한 교수-학습 방안을 살펴보았다. 배려적 화법 교육을 실제 수업에 적용할 수 있는 국어 교과서 내의 단원 제시나, 구체적인 지도 방법 및 활동 중심 지도안 작성에 대한 부분을 제안하지 못하여 다소 아쉬움이 있지만, 배려적 화법 교육의 교수-학습 방안을 제시하여 학습자가 능동적이고 상호 배려적인 태도로 배려적 화법 능력을 지닐 수 있도록 한 것에 의미가 있다고 하겠다.

4.7 제4장을 맺으며

지금까지 이 장은 언어 중심 배려 연구 방법이자 국어교육 방법의 하나로 상생화용(론)을 소개하였다. 우선 4.1절은 처음에 상생화용(론)이 서양 중심 사조에 대한 대안으로 제시되었다는 점과 그 기본 개념 등을 살피고 언어교육, 특히 국어교육의 맥락에서 의미 생성을 중요시함을 밝혔다. 이러한 배경을 바탕으로 4.2절은 최현섭(2004a, b)의 초기 제안 이후 최영환(2005, 2006; 특히 전자)이 상생화용 연구의 방향과 사용전 략에 대해 제언하며 당시까지 제시된 용어들을 재검토하며 정리하며 이 후 연구의 방향을 제시한 내용을 소개하였다. 이후 4.3절은 다시 최영환 (2006)이 의미역 확장을 위해 '상생언어'라는 용어를 쓰며 제안하는 인 식론적 확장을 고찰하였다. 4.4절은 양수연(2019)이 제안하는 생태학적 의미까지 포함하는 '상생 지향 화법'을 고찰하였다. 그리고 4.5절과 4.6 절은 상생화용과 국어교육의 문제를 좀 더 직접적으로 살펴보았다. 4.5 절은 서현석(2016)의 국어 교과교육과 교과과정 등에 관한 논의를 4.6 절은 구본관(2017)의 국어-도덕 통합 교과교육에 관한 논의를 소개하였 다. 마지막으로 4.6절은 박미영(2009)를 중심으로 화법교육 교안 등을 소개하였다.

안타깝게도 아직 상생화용이 국내 외에는 많이 알려지지 않았으나 그 인식 체계나 교육적 함의 등에 가능성이 많아 향후 더욱 발전하고 해외 에도 많이 알려지기를 기원해 본다. 반면 상생의 개념에도 불구하고 아 직도 화자 위주의 설명이나 인식론이 많은 점, 선택성을 배려의 필수로 보는 점 등은 3장과 접근법이 달라 향후 더 연구와 토론이 필요한 부분 이라고 하겠다.

지금까지 고찰해 본 연구 외에도 상생화용을 바탕으로 한 배려 연구 들이 많이 진행되었고 또 상생화용연구소의 '내 말에 상처받았니?' 시리 즈(상생화용연구소 2005, 2006, 2007, 2008)는 다양한 사례를 통하여 화자-청자 간의 관계와 상황에 따라 배려하여 말하는 방법을 제시하고 다양한 표현 중 어떤 표현이 상생 표현인지 생각할 기회를 제시한다. 이 장에서 이미 많은 예시를 통하여 상생화용을 바탕으로 한 다양한 관점을 살펴보았으므로 위에 언급한 책의 예시를 통한 자세한 논의는 다음 기회로 미루기로 한다. 이어지는 5장에서는 Noddings의 배려에 관해 살핀다.

제5장.

Noddings의 배려론과 언어 중심 배려 연구

본서는 1장에서부터 언어 중심 배려 연구를 강조하였다. 1장에서 문제를 제기하였고 2장에서 언어 중심 배려교육의 시의성을 살폈다. 이를 바탕으로 3장과 4장에서 언어 중심 배려 연구의 대표적인 예로 포스트-구조구의적 접근법과 상생화용적 접근법을 제시하였다. 언어를 중심에 놓는 이 두 접근법은 아직은 배려 연구에 있어 아주 일반적으로 많이 알려지지는 않았다.

이 둘에 반해, 이 장에서 소개할 Noddings의 배려론은 현대 배려 연구에 있어서는 주류 이론 중에서 하나라고 할 정도로 국내외에 널리 알려져 있다. 그래서 국내에만도 이미 뛰어난 논저가 매우 많이 있어서 굳이 이 장이 어설픈 소개를 하는 것이 매우 조심스러운 것이 사실이다.

그뿐만 아니라 Noddings 본인의 논저와 그들에 관한 논저도 많을뿐더러 거기에 배려 윤리학을 개괄하려 한다면 범위는 매우 넓어져서 이 장의 범위를 훌쩍 넘어서게 될 것이다. 그래서 이 장은 아래와 같은 내용을 적절한 범위로 보고 그녀의 배려론을 소개하고자 한다.

첫째, Noddings의 배려론 자체를 설명하기 전에 우선적으로 언어 중심 배려 연구를 다루는 이 책에서 군이 설명하려 하는지를 5.1절에서 밝히려 한다. 그녀는 사실 언어 중심 배려 연구자로 알려지지는 않았다. 물론 그녀의 이론이 지배적 배려론의 하나이기는 하지만, 그렇다고 해서 언어와 매우 무관하다면 군이 언어 중심 배려 연구를 강조하는 이 책에 자세히 소개할 필요는 없을 것이다. 따라서 5.1절은 다른 배려 윤리학자들을 총망라하지 않는데 왜 그녀의 접근법을 선택적으로 언급하는지를 언어 문제를 중심으로 제시할 것이다. 이어 5.2절은 본격적으로 그녀의 배려론을 개괄할 것이다. 5.3절은 그녀의 배려론과 뗄 수 없는 그녀의 교육론을 간략히 소개할 것이다. 그리고 5.4절은 Noddings 배려론에 대한 다섯 가지 비판 사항을 고찰할 것이다. 이러한 내용들을 바탕으로 5.5절은 특히 3장에서 제기한 문제를 중심으로 주요 논점을 살펴볼 것이다. 마지막으로 5.6절은 이 절을 마무리 짓도록 한다.

5.1 Noddings의 배려론을 왜 언급하는가?

Noddings의 배려론은 그 자체로 언어를 우선순위에 두고 분석하는 언어 중심 배려론이라고 흔히 보지는 않는다. 그러나, 언어가 적어도 세 가지 면에서 중요한 위치를 점한다는 점에서 이 책에서 소개하는 것이 중요하다. 그들 중에서 두 가지는 Buber의 대화철학에 바탕을 둔 관계 윤리와 대화적 교육이며, 다른 하나는 서사주의이다.

첫째, Noddings의 배려론은 관계의 윤리학으로서 대화적 관계와 대화에 기반한다. 이동윤(2019)은 Noddings(1984/2013 등)가 Buber의 대화철학(dialogical philosophy)에 영향을 받았다고 보았는데, 그에 따르면 대화철학은 '나-너', '나-그것'의 관계의 발견을 통해서 개인의 사유에 관한 것만으로 국한되었던 그동안의 철학담론을 개인 영역에서 관계의 영역으로 발전시켰다. 이렇게 보는 시각에 관한 명시적 뒷받침으로 그는 Johannesen(2000. 이동윤 번역)의 아래 말을 인용한다:

나딩스의 배려윤리 관점의 주요 요소는 전념(engrossment), 동기전환(motivational displacement), 감응(reciprocity)이다. 나딩스는 이러한 요소들을 실체화시키고 명료화하기 위해 부분적으로 부버의 대화철학을 직접적이거나 간접적으로 인용하는 모습을 보인다.

이는 Noddings의 배려론은 이전의 추상적 배려윤리가 아닌 관계 윤리에 기반하고 있음을 뜻하며, 대화적 관계와 대화가 그녀의 배려론에 매우 중요하다는 것을 나타낸다(김민영 2019: 22). 김민영 (2019: 26)의 아래 설명은 이러한 중요성을 잘 부각한다고 할 수 있다:

나딩스는 ... 배려는 타자와의 직접적인 만남 자체에서 일어난다고 말하고 있다. 특히 배려윤리가 도덕적 삶의 원천을 실제적인 인간의 상호작용을 넘어서 가정하지 않는다는 점에서, 그리고 보편화를 통해서 특정한 가치를 교육시키려고 해서는 안 된다는 점에서 나딩스는 배려윤리에서 대화적 관계의 중요성에 대해 보여 주고 있다. 대화는 배려 모델의 가장 기본적인 요소이다. 진정한 대화는 개방적이다. (중략)

대화에 대한 강조는 배려의 기본적인 현상학을 강조한다. 배려하는 자는 배려 받는 자에게 주의를 집중하거나 전념해야 하며, 배려 받는 자는 배려하는 자의 배려 노력을 받아들여야 한다. 이러한 수용 역시 주의집중의 한 형태이다. 배려 관계 안에서 진정한 대화를 하고 있는 사람들은 전적으로 지적인 경쟁에만 주의를 집중하고 있는 것은 아니다.

즉, Noddings의 배려론은 대화적 관계와 대화에 기반하는 관계의 윤리학이다. 이는 정도의 차이나 방법의 차이가 있더라도 화자와 청자, 혹은 대화에의 참여자를 검토하는 3장과 4장의 접근법에도 부합한다고 할 수 있다. 이런 점에서 Noddings의 접근법은 이 책에서 소개할 만하다는 것을 뜻한다.

둘째, 이러한 대화철학의 영향은 그녀의 배려관 자체만이 아니라 교육관에도 영향을 미쳐 교육에서도 대화를 중요시하게 하였다. 특히 개인간(interpersonal) 관계 중심 대화를 모델링, 실천(practice), 확증(confirmation)과 함께 도덕교육의 네 가지 구성 요소의 하나로 보도록 하였다(추병완 2003: 13-18; 허용주 2014; 김민영 2019 등). 특히 도덕적 문제들을 개방적 방식으로 대화하고, 개인간 추론 과정을 통해 상대에게 관심을 기울이며 대화하고, 상대방에 반응하고 이해하도록 대화하고, 배려 관계를 지속할 수 있도록 하는 대화를 추구하는 것이 중요하다(추병완 2003).

이처럼 대화를 중시하는 그녀의 교육관은 그녀의 배려론 자체가 3장과 4장처럼 언어를 우선시하여 고려하지는 않더라도, 충분히 3장과 4장의 관심사를 공유한다고 할 수 있다. 특히 상생화용이 국어교육과도 흔히 연결되는 점을 고려한다면 그 유관성과 소개 가치를 충분히 납득할 수 있다.

셋째, 정윤경(2000: 12-15)이 자세히 논의한 것처럼 Noddings의 배려론은 기존 윤리학의 지배담론의 양식과 다른 서사적 양식과 서사성에 기반을 둔다. Noddings(1995, 1998)는 이야기하기(storytelling)를 통해 우리 각자가 계속해 사회적, 문화적 맥락 속에서 자신의 목소리를 찾고 확인하게 하는 것으로 본다. 그녀는 그 개인이 속한 사회적, 문화적 맥락 속에서의 개인을 중요시하는데, 배려를 보편적인 "법칙"이나 "규칙"의 문제가 아니라, 삶의 이야기 속에서 어떻게 살아야 하는가 하는 구체적인 문제로 치환시켜 놓는다.

배려를 향한 그녀의 이러한 서사적 접근법은 물론 언어 중심 배려 연구 자체나 적어도 언어 우선순위 연구를 뜻하지는 않는 것으로 보인다. 그러나 3장과 4장에서 논의한 많은 사항과 똑같지는 않더라도 유사하다고는 할 수 있을 지향성을 보인다고 할 수 있다. 예를 들어 배려 논의에 있어서 보편주의적인 법칙에 대한 경계심,[61] 배려 논의에 있어서 상황적 특수성에의 우선순위 부여, 배려 논의에 있어서 살아가는 이야기 혹은 서사의 중요성 등을 논한 것은 적어도 배려 이해에 구체적 살아가는 이야기를 이해하는 것이 중요하다는 점을 인정한 것이기 때문이다.

---

61 Noddings(예, 1984/2013)의 배려 논의에 있어서 보편주의적인 법칙에 대한 경계심은 모성적 페미니즘에 바탕을 두고 "남성적인" 혹은 "가부장적인" '원칙주의'에 대한 회의, 실망감, 좌절, 나아가 분노 등에 가깝다. 예를 들어, 원칙을 어긴 아이를 아빠는 원칙을 어긴 데에 집중해서 책망하며 벌을 주지만, 엄마는 원칙 따위보다 아이에 더 신경을 쓰며 아이가 괜찮다면 원칙은 차선으로 본다는 식이다. 따라서 3장과 4장에서 논의한 보편주의, 본질주의 등과 공유하는 바가 없지는 않으나 완전히 같다고 할 수는 없다.

즉 Noddings의 배려론은 대화철학에 바탕을 둔 관계 윤리에 기반을 두고 배려를 고찰하고, 교육에 있어 대화를 강조하고, 배려를 이해하고 교육하는 데에 있어서 보편적 원칙보다는 구체적 이야기하기를 강조한다. 이 세 가지 모두가 언어를 중심에 놓지는 않을지라도 언어를 매우 중요시한다는 점만으로도 그녀의 배려론은 이 책의 한 장을 차지할 자격이 되는 것이다. 이제 이러한 근거를 바탕으로 그녀의 배려론을 간략하게 소개해 보도록 한다.

5.2 Noddings 배려론의 내용

우선 Noddings 배려론의 구체적 내용을 소개하기 전에 그녀의 배려론은 언어 분석 이론이나 언어 중심 인식론으로 제시된 것이 아니고, 모성적 페미니즘의 시각에서 관계 윤리론으로 시작해서, 점차로 먼 관계에 있는 사람들이나 존재로 확대되는 소위 '동심원' 모델을 설정한다는 것을 염두에 둘 필요가 있다. 왜냐하면 언어 중심적인 3장과 4장은 이러한 관계 윤리론의 시각에서 시작하지는 않았기 때문이다. 이에 따라 그의 전형적인 '배려하는 자'는 '엄마'이고 '배려받는 자'는 '아이'이다.[62] '엄마와 아이 사이의 배려', 더 정확하게는 '엄마가 아이를 배려'하는 것은

---

[62] 그녀는 반드시 엄마에서 아이로만의 배려를 뜻하는 것은 아니라며 일반성을 주장하기는 하지만 논저의 예들이나 논의가 저자 스스로 엄마의 시각을 유지하는 경우가 많아 혼동을 주는 것은 사실이다. 또 그 외의 예들도 '학생'과 '선생님', '요양원에 모신 부모님'과 '요양원으로 모신 자녀' 등 비교적 의존성이 일방적인 경우가 많아 이 책의 3장과 4장에서 논의한 배려의 예들과는 차이가 있고, 이러한 내용이 비판의 대상이 되기도 하였다(5.4절 참조. 박창균 2016 참조).

1장의 예에서 논의한 오누이 사이인 영희와 영수 사이의 배려나 3장에서 여러 각도에서 논의한 춘향과 몽룡 사이의 배려 등과는 매우 다르다. 같은 '배려'라는 용어를 쓴다고 이처럼 출발점이 다른 점을 감안하지 않는다면 자칫 혼동이 있을 수 있으니 미리 주의가 필요하다.

이러한 주의 사항을 배경으로 아래에서는 김수동(2002)이 정리한 내용을 기반으로 Noddings의 배려론의 내용을 개괄한다. 필요 시에는 그 외 Noddings 본인의 원전, 다른 학자들의 저술을 추가하며 소개하도록 한다.

5.2.1 배려의 본질

Noddings(1992: 15)는 배려하는 사람과 배려받는 사람(존재) 사이의 관계 윤리로서 배려를 바라보았다. 그녀의 시각에서의 배려는, 5.1절에서 이동윤(2019)이 Johannesen(2000)을 인용한 데서도 언급한 것처럼, 배려하는 자가 배려받는 사람에게 '전념(engrossment)'하여 자기보다 그 사람에게 '동기전환(motivational displacement)'하여 그 사람을 위해 관심을 가지고 걱정하거나 염려하고 기뻐하고, 또 그 배려받는 사람이 거기에 '감응(reciprocity)'하는 것을 의미한다고 할 수 있다. 이를 그녀의 배려론이 근간으로 하는 모성적 페미니즘으로 환원하여 조금 더 쉽게 설명해 보면, 배려하는 엄마가 배려받는 아이에게 전념하고 몰두하여, 아기를 돌보는 대신에 할 수도 있을 자기 스스로의 동기는 우선순위에서 잠시라도 제쳐두고 아이가 잘 크는 데에 우선적으로 동기를 부여해 수행하고, 아이도 엄마가 그렇게 하는 것을 알고 반응하는 것이라 할 수 있다.

이와 같은 관점에서의 배려는 다른 사람이 지적, 정서적, 신체적으로 클 수 있도록 도와주는 것이다. 그러나 정보를 전달하는 지성적인 의미의 기여라기보다는 정서적이고 도덕적인 의미의 성장에 기여하는 것에 더 초점이 있다(이는 5.3절에서 논의할 교육론적 함의를 갖는다.)

다른 사람의 성장에 기여하기 위해서는 배려받는 사람에게 진심으로 관심을 가지고 '실천'으로 옮겨야 하는 것이다. 따라서 Noddings는 실천이 없이 마음만 있는 'care about'은 'care for'와 달리 배려라 보지 않는다(Noddings 1984/2013: 18). 또 이는 배려에는 정도의 차이는 있지만 시간 투자가 조금이라도 필요함을 함의한다(Noddings 1992: 114). 실천을 위해서는 전념하고 동기전환해야 하는데, 배려받는 사람에게 전념하기 위해서나 내 동기를 시간적으로 차치하고 배려받는 사람의 동기를 우선순위에 두는 과정은 아무리 짧더라도 시간이 필요하다. 물론, 아이를 키우는 부모의 배려처럼 매우 긴 시간이 필요한 경우도 많다.

이러한 관점에서의 배려는 배려받는 사람의 지적, 신체적, 감정적 성장을 위해서 그 주변을 변화해가는 실천 과정이라 할 수 있다. 이때 주변은 생태적 관점에서의 넓은 세계까지 포함하므로 배려받는 대상이 반드시 사람에만 국한되지 않는다. 즉, 사물, 환경 등 사람을 넘어가는 초대인(超對人) 배려도 논할 수 있는 것이다.[63] 또 관련된 개념으로 대인(超對人) 배려도 물리적, 심리적으로 가까이 있는 사람부터 먼 곳에 있는 사람에게로 확산되는 것이라 보았다. 이처럼 동심원적(concentric)이거

---

[63] 이러한 확장된 넓은 의미의 배려는 Noddings(1984/2013)에서보다 Noddings(1992) 이후에 좀 더 본격적으로 논의한다.

나 초대인(超對人)적으로 배려를 확대하여 광의로 이해하려 한다는 점은 특히 3장에서 포지셔닝 이론의 수직적 다차원성이나 수평적 상대성을 상기시키기는 한다. 그러나 그 인식론적 체계에는 차이가 있어서 유사성을 논하기는 어렵다.

5.2.2 배려의 목적

Noddings 배려론은 가정에서의 배려를 학교로 확산한다.(1984/2013, 1992) 그러나 학교에서의 배려도 학생에게 정보를 전달해서 지적으로 성장하도록 기여한다는 것만을 뜻하지 않는다. 오히려 정서적이고 도덕적인 의미의 성장에 기여하는 것에 더 초점이 있다고 할 수 있다. 즉, 학교 교육에서 배려를 함양하는 것이 지적 교육보다 우선시되는 것이다.

즉, Noddings에게는 학생들을 배려하고 정서적으로 안내해주는 것이 교육의 가장 중요한 목적이 된다. 이러한 시각에서의 학교는 지적인 호기심과 정서적이고 도덕적인 배려가 숨 쉬는, 함께 생활하는 공동체적인 장소이다. 이를 통해서 학생은 교과의 지적 내용만이 아니라 어떻게 배려하는 사람이 되는지를 배우게 된다. 이는 학교의 지속적인 배려가 전제되어야만 학생들이 성장하고 지적 성취도 달성할 수 있다는 것이다.

이처럼 Noddings(1984/2013: 172-179)는 학교 교사는 윤리적 이상이 필요하므로 1차적으로는 배려하는 사람이고, 2차적으로는 교과과목에 관한 전문지식을 전수하는 사람이라고 보았다. 우리가 다른 사람을 배려할 때, 현실적 자아를 유지하며 이상적 자아를 향해 움직이면서 윤리적 자아로 발전하므로, 자신의 이미지를 강화하고 윤리적 이상을 달성하게 되기 때문이다. 따라서 그녀는 교사와 모든 교육 단체가 노력해야 하는 가장 큰 목적이 배려를 유지하고 강화해서 윤리적 이상을 키우는 데에 있어야 한다고 보았다.

나아가 이러한 배려교육도 가정과 학교뿐만 아니라 전체 공동체가 함께 노력해야 할 실천 과제라 할 수 있다. 이러한 점에서 Noddings는 교육의 최고 목적을 지식의 전수보다 민주시민으로서 배려를 실천하는 도덕인 양성에 최고의 목적을 두었다고 할 수 있다.

5.2.3 배려의 유형

Noddings는 배려를 크게 두 유형으로 파악하였다. 그 첫째는 '자연적 배려'로 예를 들어 부모가 아이를 돌보는 것과 같은 유형이다. 그 둘째는 '윤리적 배려'로 자연적으로 돌보고자 하는 마음이 생기지는 않는 다른 사람을 배려하는 사람의 의지와 노력으로 보살피는 것과 같은 유형이다. 그리고 그녀는 윤리적 배려가 자연적 배려보다 도덕적으로 낮지는 않다고 보았다.

이 두 유형을 구분하며 그녀는 두 가지 주장을 개진한다. 우선, 그녀는 보편적 배려(universal caring)는 가능하지 않다고 본다. 왜냐하면 실제로 모든 사람을 위한 배려가 불가능하다고 보기 때문이다. 이때 그 실현 불가능성의 큰 이유를 5.2.1에서 언급한 동심원적(concentric) 배려관의 물리적, 심리적 거리감에서 찾았다. 즉, 배려하는 사람과 배려받는 사람의 거리가 너무 멀면 응답을 확인할 수가 없어서 배려가 완성될 수 없다고 보았던 것이다.

이러한 Noddings의 시각과 관련하여, 앞서 3장은 배려의 보편주의, 본질주의 등에 관해 의구심을 표하고 포스트-구조주의적인 접근법은 반보편주의를, 반본질주의를 취한다는 점을 밝힌 바가 있다. Noddings가 '보편적 배려'의 불가능성을 언급한 것은 사실이나 이는 배려 대상의 보편성, 특히 동심원적(concentric) 배려관의 물리적, 심리적 거리감에 국한된 것이다.[64] 이러한 '보편적 배려'는 3장에서 말한 보편주의적 배려의 개념과는 차이가 있다. 오히려 그녀는 '배려하는 태도(caring attitudes)', 즉 "배려를 받았던 옛 기억과 배려를 해주고 배려를 받았던 이후의 기억들을 표현하는 태도"는 누구에게나 보편적인 것으로 본다(추병완 2003: 5). 이처럼 배려 대상에 국한해 논의해 보면, 3장과 반보편주의적 시각을 일부 공유한다고 할 수 있으나, 배려의 보편성을 태도로 돌린 점은 3장과는 분명히 차이가 있다. 이에 관해서는 좀 더 심도 있는 추가적인 후속 고찰과 논의가 필요한 것으로 보인다.

5.2.4 배려의 관점

Noddings 배려론은 전반적으로 이성이나 원리보다는 감정 혹은 정의에 기반하고 있다(추병완 2003: 5). 이는 전술한 것처럼 그녀의 배려론이 모성적 페미니즘에 근거하고 있기 때문이다. 그녀는 기존 서구 윤리학의 형식적 원리에 내재된 부성적이고 남성적인 편향성을 지적하면서, 대안으로서 배려윤리를 제시하며 모성적이고 여성적인 경험에 기반한 배려

---

64 반면 추병완(2003: 5)에 따르면, 동심원적 배려관 외에도, Noddings는 특정한 행동을 판단하는 것보다 다른 사람이 얼마나 도덕적으로 다루어지고 있는지를 살피는 데 더욱 관심이 있고, 또 사람들 사이의 만남이 특수해서 보편화하기 어렵다는 점에서도 보편적 배려의 가능성을 인정하지 않는다. 이러한 점은 3장의 보편적 배려와 좀 더 관련이 있다.

윤리를 주창하였다. 이 두 접근법을 대조하며 송민영(2009: 22)은 "부성적인 '원리의 윤리'는 추상적·이성적·분석적·고정적·교조적(敎條的)·객관적이라는 특징을 가지고 있는 것에 대해, 배려윤리는 구체적·감정적·관계적·상황적·주관적이다"라고 하였다.

이러한 점에서 Noddings는 도덕적 행동을 이끄는 보편적인 '원칙'과 '규칙'을 거부하고 배려가 우선순위를 차지해야 한다고 주장한다. 그러한 예로, 몽룡이 도둑질을 하면 안 된다는 원칙을 세웠더라도, 춘향에게는 그것이 불변의 원칙이 될 수는 없다. 굶어서 울고 있는 아들과 딸을 보면 춘향은 아이들을 위해서 도둑질을 할 수 있다는 것이다 (1984/2013: 57).

그렇다고 Noddings가 윤리의 보편성과 객관성을 전적으로 인정하지 않는 것은 아니다. 단, 배려윤리의 관점에서는 원칙과 규칙이 먼저 있고 사람, 즉 배려가 나중에 있는 것이 아니고, 사람, 즉 배려가 먼저 있고 원칙과 규칙이 나중에 있어야 한다는 것이다. 다시 말해 페미니즘적 관점에서는 원칙들에만 얽매여 논리적으로만 생각하다 사람과 사람 사이의 관계를 잃기보다는 구체적 상황에 따라 윤리적 이상을 바탕으로 도덕적 문제들을 해결하려 해야 한다는 것이다.

이는 학교에서도 마찬가지다. Noddings(1984/2013: 201)의 관점에서는 선생님과 같은 배려하는 사람이 바라는 것은 학생들이 자신들만을 위해 원칙과 규칙을 존중하는 것이 아니라, 자신들이 배려를 유지하는 데에 기여할 수 있도록 원칙과 규칙을 중요하게 여기는 것이라 할 수 있다.

5.2.5 배려의 관계

배려윤리의 관점에서는 사람들 사이의 관계적인 측면이 합리성의 측면에 우선 한다. 배려도 배려하는 사람과 배려받는 사람 사이의 상호관계적인 측면이 그 핵심이라 할 수 있다.

이때 상호관계적이라 함은 배려하는 사람과 배려받는 사람 모두가 배려 관계의 주체라는 뜻이다. 배려받는 사람만 영향을 받는 것이 아니라 배려하는 사람도 어떤 형태로든 영향을 받기 때문이다. 그러나 배려하는 사람과 받는 사람의 가장 중요한 차이는 배려하는 사람은 도움도 주고 상대방도 이해할 수 있지만, 배려받는 사람은 도움을 구하면서 상대방을 이해하기는 어렵다는 점, 그리고 배려받는 사람은 배려하는 사람이 실패한다고 죄의식을 느끼지 않지만 자기가 실패하면 죄의식을 느끼는 점일 것이다(Noddings 1984/2013: 66-75).

교사와 같이 배려하는 사람은 학생과 같이 배려받는 사람들에게 전념하고 동기전환하므로 학생은 스스로의 관심에만 자유롭게 반응할 수 있다. 이때 그다지 관심이 생기지 않는다면 배려받는 사람도 수용하거나 거부하는 데에 있어 자유롭고, 관심이 생긴다면 주도적으로 추진해야 한다. 즉, 배려하는 사람이나 배려받는 사람이나 배려를 수행하거나 수용하는 데에 있어 자유로워야 한다. 그러나 이때 주의할 점이 있다.

배려받는 사람은 수용(reception), 인지(recognition), 반응(response)의 단계를 거친다(Noddings 1992: 16). 즉, 배려를 받아들이고, 받아들였다는 것을 나타낸다. 이처럼 배려하는 사람과 받는 사람 모두가 기여함으로써 배려가 완성된다(정윤경 2000: 7). 그렇기에 Noddings는 배려받는 사람의 수용을 배려에 필수로 본다. 그러나 이러한 상호성을 상호

주체성으로 봐서는 안 된다. 김민영(2022: 27-28)은 아래와 같이 주의할 것을 요청한다:

> 수용성 개념은 이렇게 나딩스에게서 분명히 드러난다. 그러나 배려하는 자와 배려받는 자가 서로에게 의존한다는 사실이 평등한 관계에서 똑같은 몫의 상호평등성을 의미한다고 봐서는 안 된다. 즉 곧바로 배려하는 자와 배려받는 자 사이의 직접적인 상호성으로 연결되지는 않는다. 나딩스는 배려받는 자 역시 배려 윤리에서 중요한 역할을 담당하고 있음을 보여준다. 그는 배려받고 있음을 표현해야 한다는 것이다. 그러나 둘의 위치는 역전되지 않는다. (중략)
> 이렇게 본다면 나딩스의 상호성을 상호주체성과 동일한 의미로 받아들여서는 안 된다. 여기서 상호성이라는 것은 나는 배려하는 자로서, 너는 배려받는 자로서 상호관계가 있다는 것을 의[미]하는 것일 뿐, 내가 주체가 될 수 있는 것처럼 너도 이 관계의 주체가 될 수 있다는 것을 의미하지 않는다는 말이다. 배려하는 자로서 내가 정체성이 형성된다면 그 때 나는 배려하는 자로서만 타자와 관계 맺는다. 그 관계가 끝난 후 내가 다른 누군가와 배려관계를 맺는다면 배려받는 자가 될 가능성을 함축하고 있는 것이지, 이미 맺어진 관계 속에서 서로 번갈아가면서 배려하는 [자]와 배려받는 자의 역할을 맡는 것이 아니다. 배려하는 자는 배려하는 자에게 요구되는 것을, 배려받는 자는 배려받는 자에게 요구되는 것을 행하면 된다.

Noddings 배려론의 이러한 상호성은 3장에서 포지셔닝 이론의 공시적 雙方向性과 비슷하게 보일 수도 있다. 그러나 Noddings 배려론의 상호성은 雙方向이기는 하지만 순차적(sequential)인데 반해, 포지셔닝 이론의 雙方向性은 동시적이다. 또 Noddings 배려론에서는 배려받는 사람의 수용 표현을 반드시 요구하지만, 포스트-구조주의적 접근법, 특히 포지셔닝 이론에서는 서로 다른 담화차원에 있어 배려받는지조차도 모를 수 있다. 이런 점에서 Noddings 배려론에서 완결되지 않은 것으로 간주될 많은 배려 발화-행위들이 배려받는 사람의 수용 표현 요구가 없는 포스트-구조주의 관점에서는 배려로 간주될 수도 있는 것이다.

5.3 Noddings 배려론과 교육

2장의 2.4절에서도 언급했고 이 장의 5.2.1에서도 언급한 바와 같이 Noddings의 배려론은 단순히 배려윤리로서 제안된 것이 아니라 교육안으로 함께 제안되었다. 이미 여기저기서 많은 언급을 하였음에도 불구하고 저술이 많은 그녀의 교육론을 이 절에서 수박 겉핥기 식으로 소개하는 것은 큰 의미가 없어 보인다. 따라서 이 절에서는 그녀의 초기 저술(1984/2013, 1992)에 관해 본서에서 파편적으로 언급한 사항들을 모아 정리해보도록 한다.

우선 그녀의 교육론에서 주목할 것은 배려교육이 다른 교과교육에서의 지식 습득보다 더 우선순위를 점해야 한다는 점이다. 5.2.1에서도 언급한바, 그녀는 지식 습득의 교육보다 배려윤리에 관한 교육이 더욱 중요하다고 역설하였다. 또 이런 의미에서 정윤경(2000: 3)은 Noddings에게는 도덕교육과 교육을 구분하는 것 자체가 의미가 없어 보인다고까지 하였다.

이러한 Noddings의 시작은 학교와 교사의 역할에도 근본적인 변화를 요구한다. 배려는 배려하고 배려받는 경험을 통해서 발달하므로, 교사도 지식 전달자로서보다 배려하는 사람으로서 역할을 우선적으로 수행해야 하고, 학교도 지식 전달의 장소로서보다 배려적 공동체로서 이루어져야 한다. 이때 학교에서의 교육 내용과 방법도 물론 배려에 기반하여야 한다. 배려는 각 교과교육의 한 항목이 아니라 각 교과교육을 아우르는 총론으로 이해되어야 한다(2.4절 참조).

또 앞서 2장에서도 언급한 바와 같이, 배려교육은 가정, 학교, 종교 단체 등에서만 끝나지 않는다. 지역사회 등 모든 사회가 유기적으로 참여하여 배려적 시민 양성에 참여하여야 한다. 학교 구조 개선을 통해서 지역사회와 연계되어 탈전문화된 교육을 수행할 수 있어야 한다.

나아가 동심원적으로 확산적인 배려를 통해서 주변인 배려를 넘는 국제적 배려, 초대인(超對人)적 배려를 통해서 동·식물, 사물, 생태 문제로까지 배려를 확장하기를 제안한다. 예를 들어서 국제 분쟁 지역의 상호 배려를 함양하기 위해서 분쟁 지역이 교환학생을 상호 파견하는 방법 등을 제안한다(Noddings 1984/2013: 208).[65]

2장에서 논의한 것처럼, 이러한 Noddings의 교육적 제안들이 우리나라의 교과과정 개편안에 적지 않은 영향을 끼친 것으로 보인다. 단 교과과정 개편안들이 논저와 달리 정확히 출처를 밝히거나 하지는 않으므로 언제부터 어느 형식으로 반영되었는지를 알기는 어려워 보인다. 그러나 2장에서 논의한 바와 같이 Noddings의 영향은 곳곳에서 보인다고 하겠다.

---

65 이렇게 초대인(超對人) 배려를 고려하며 사람과 사람 사이의 배려에 적용했던 이론적 틀에 조금씩 수정을 가하거나 의문을 가하기는 한다. 그러나 명시적으로 그 인식론의 체계 내에서 고찰한다는 데에 의미가 있다.

5.4 Noddings 배려론 비판

Noddings의 배려론에 대한 비판도 그녀의 방대한 저술만큼이나 적지 않다. Noddings 배려론에 관한 다른 부분처럼 그녀의 배려론을 향한 배려론을 지나치게 상세히 소개하는 것도 이 책의 범위를 넘어설 것이다. 따라서 여기서는 추병완(2003: 117-125)이 정리한 내용을 중심으로 대표적인 사항 다섯 가지만 소개해 본다. 그에 따르면 Noddings 배려론에 대한 비판은 크게 다섯 가지로, 불평등한 관계만을 강조한다는 점, 낯선 사람들을 향한 의무를 간과한다는 점, 상호성과 수용성을 혼동하고 있다는 점, 여성에 대해 억압한다는 점, 그리고 도덕성에 대해 협의의 해석을 내린다는 점을 들 수 있다. 이들 각각을 간략히 소개해 보자.

첫째, 앞서 5.2절의 모두와 이 장의 각주 62에서 이미 지적한 바와 같이, Noddings 배려윤리는 불평등한 관계에 지나치게 배타적으로 초점을 맞추고 있다. 3장의 예들이 몽룡과 춘향의 다양한 관계를 고려한 것에 비하면 이 장에서 배려하는 사람은 부모, 교사, 의사 등이고, 배려받는 사람은 아이, 학생, 환자 등이다. 이러한 단순 사례만으로도 그녀의 배려 윤리가 불평등한 관계만을 검토하고 있음을 알 수 있다. 박창균(2016)도 이를 "일방적이고 수직적인 관계"라 비판한 바 있다. 또, 이에 관한 Hoagland(1990)의 비판 중의 하나가 바로 그녀의 저술에서 전형적으로 배려하는 사람으로 나오는 인물들이 항상 본질주의적이고 보편주의적으로 좋은 인물들이 아닐 수 있다는 것이다. 신체적, 정서적 학대를 가하는 부모나 교사들이 대중매체에 오르내리는 경우를 생각하면 그녀의 전형적 예들이 지나치게 본질주의적일 수 있다는 점을 나타낸다.

둘째, Noddings 동심원적 배려윤리는 낯선 사람에 대한 우리의 의무를 경시하고 있다. 적어도 인터넷, 이동전화, 화상전화 등으로 심리적, 물리적 거리의 개념이 모호해지는 지금 친밀성과 원근 등을 기준으로 낯선 사람들을 향한 배려 의무를 간과하는 것은 문제라고 보인다. 특히 각종 차별주의를 고려할 때 친밀도를 고려한 배려는 차별주의를 인정하는 모습으로 나타나는 역설까지도 생기는 것이다(Card, 1990). 이러한 논란은 특히 보편적 배려에 관한 의구심 등과 더불어 간단하지는 않은 사항이나 시대에 맞지 않는 모습을 보인다고 할 수 있다.

셋째, Noddings의 배려론은 상호성과 수용성을 혼동하고 있는 것으로 보인다(5.2.5 말미 참조). 그녀의 배려론에서 상호성(reciprocity)은 배려 관계를 확고하게 만드는 데 필요한 유일한 것이다. 그러나 아기가 엄마를 향해 웃는 경우는 아기가 엄마의 배려 행위를 그냥 수용(reception)하는 것이지 이를 이해하고 보답한다고 보기는 어렵다. 따라서 상호적이라기보다는 엄마는 일관되게 주고 아기는 일관되게 취하는 관계로 일방적인 관계라 할 수 있는 것이다. 박창균(2016)도 이를 "지나치게 타인 지향적이거나 자신을 희생"하는 경우일 수 있다고 비판한 바 있다.

넷째, Noddings의 배려론은 배려하는 사람 스스로를 향한 자기 배려를 경시하는데, 그로 인해 모성적 페미니즘의 실질적인 배려의 주체인 여성을 억압하게 되는 결과에 봉착하게 된다. 즉, 위의 박창균(2016)이 "지나치게 타인 지향적이거나 자신을 희생"하는 경우를 지적했는데, 그 희생하고 배려하는 사람이 실질적으로 여성들임을 고려하면 결과적으로 (아기) 배려를 가장한 (엄마) 억압을 초래할 수도 있게 된다.

다섯째, 추병완(2003)은 Noddings가 도덕성을 지나치게 좁게 해석하고 있음을 지적한다. Noddings의 정의적, 관계적 접근법이 기여한 바가 있음은 사실이나 배려에 인지적 측면 등, 다른 측면은 전혀 고려할 필요가 없는지 의문이 아닐 수 없다.

이 절은 Noddings 배려론에 대해 다섯 가지 비판 사항을 살펴보았다. 이러한 내용들이 비판 사항의 전부는 아닐 것이다. 이러한 비판 사항들 중에는 Noddings 배려론의 이론 내적인 문제도 있으나, 이 장은 그것들보다는 이 책 전체를 아우르는 논점 몇 가지를 언급하고 이 장을 맺으려 한다.

5.5 주요 논점

이 절에서는 5.4의 비판 사항들에서 3장에서도 논했던 내용 몇 가지를 중심으로 주요 논점을 간단히 논의해 보고자 한다. 이들 중에서 둘째 비판인 낯선 사람들을 향한 의무를 간과한다는 점과 셋째 비판인 상호성과 수용성을 혼동하고 있다는 점은 이론 내적인 인식론적 한계로 보인다. 이에 따라 이들은 제외하도록 하겠다.

그러나 나머지 비판 사항들은 3장에서 고찰한 포스트-구조주의적 접근법, 특히 비판응용언어학(3.6절)에서 일부 고찰해 볼 수 있다. 예를 들어서 첫째 비판인 불평등한 관계만을 강조한다는 점, 넷째 비판인 여성에 대해 억압한다는 점, 그리고 다섯째 비판인 도덕성에 대해 협의의 해석을 내린다는 점을 비판응용언어학의 시각에서 자아 성찰을 해보자. 이들 세 비판 사항은 모두 Noddings 배려론의 지나친 일반화, 교조주의적 지식 주장, 보편주의적이고 본질주의적 주장 등을 지적한다고 볼 수 있다. 예를 들어 Hoagland(1990)가 지적한 학대적 부모나 교사의 경우처럼 범주 내 모든 구성원에 관한 보편주의적인 주장을 하기는 쉽지 않다. Noddings의 배려론 자체는 보편적 배려를 거부하고 특정 상황(이야기) 속의 특정 배려를 봐야 한다는 서사주의를 취하고 있으나, 정작 그녀의 명시적 설명 방식은 범주적이고 보편주의적이며 해방적 모더니즘적인 페미니즘 대 남성중심주의라 볼 수 있다. 이러한 해방적 모더니즘적 경향은 배려하는 사람과 배려받는 사람에 관한 범주화에 그치지 않는다. 학교 개혁 등의 사례도 구체적인 학교에서 구체적인 문제를 해결하는 개혁보다도 전면적인 교육 혁명에 가까운 변화성을 추구한다. 따라서 Noddings 배려론이 비판받는 사항 중에서 적어도 세 가지는 비판응용 언어학적 접근법인 '문제화하는 실천론'으로 끊임없이 자아 성찰하고 작은 규모의 변화를 추구함으로써 향상될 수 있을 것으로 보인다.

비판응용언어학이 보여준 이러한 분석은 Noddings 배려론이 포스트-구조주의적 담화분석(3.5절)과도 충돌할 수 있음을 나타낸다. 첫째, 위의 논란은 이미 포스트-구조주의적 담화분석의 반본질주의적 구성주의 시각(3.5.1)과 충돌함을 나타내었다. 위에서도 밝혔듯이, 이는 보편적 배려를 부정하고 구체적 이야기에 기반하는 서사주의를 중요시하는 Noddings 배려론의 입장과는 역설적으로 충돌한다고 하지 않을 수 없다. 둘째, Noddings 배려론은 상호텍스트성과 배려의 다성성(多聲性)(3.5.2)은 그다지 고려하지 않는 것으로 보인다. 셋째, 그러나 포스트-휴머니즘적 인식론과 광의의 배려는 (인식론적 문제가 없는 것은 아니지만) 초대인(超對人) 배려, 동심원적 배려 등을 통해 일부 수용하려는 인식론적 노력이 있는 것으로 보인다.

이 절은 5.4절에서 제시한 Noddings 배려론을 향한 비판 사항들을 포스트-구조주의적 접근법에서 재고려해 보았다. 그 결과 대체로

Noddings 배려론은 해방적 모더니즘을 취하고 있는 것으로 보이나 광의의 배려에 있어서는 일부 포스트-휴머니즘적 인식론을 취하고 있음을 알 수 있었다. 이를 통해 포스트-구조주의적 접근법의 문제화하는 실천론이 Noddings 배려론이 비판 받는 사항들을 파악하고 향상시키는 데에도 도움이 될 수 있음을 보았다.

5.6 제5장을 맺으며

이 장은 이 장에 오기까지 마르고 닳도록 언급했던 Noddings 배려론을 수박 겉핥기식으로 소개하고 그 논점을 살펴보았다. 우선 5.1절은 Noddings 배려론이 대화철학에 기반한 관계 윤리라는 점, 대화와 대화적 교육을 강조한다는 점, 그리고 서사주의를 취한다는 점을 바탕으로 언어 중심 배려 연구를 강조하는 이 책의 한 장을 차지함을 밝혔다. 이를 바탕으로 5.2절은 Noddings의 배려론을 배려의 본질, 목적, 유형, 관점, 관계를 중심으로 소개하였다. 5.3절은 이 장과 2절 등에서 언급된 Noddings의 배려 중심 교육론을 요약하였다. 그리고 5.4절은 Noddings 배려론에 대한 다섯 가지 비판, 즉 불평등한 관계만을 강조한다는 점, 낯선 사람들을 향한 의무를 간과한다는 점, 상호성과 수용성을 혼동하고 있다는 점, 여성에 대해 억압한다는 점, 그리고 도덕성에 대해 협의의 해석을 내린다는 점을 제시하였다. 이러한 내용들을 바탕으로 5.5절은 이 책의 3장에서 제기한 문제 중에서 주요 논점을 비판응용언어학과 포스트-구조주의 담화분석의 관점에서 다시 성찰하고 향상 가능성 등을 검토하였다.

이것으로 3장에서 5장까지 언어 중심 배려 연구를 검토하는 작업을 마치도록 한다. 방대하고 심오한 분야의 내용을 슬쩍 건드리다 만 수준 이겠으나 아쉬운 대로 이 세 분야의 학문적 동향을 제시해 보았다. 이제 6장은 이 책을 마무리 짓도록 한다.

제6장.

맺는 글

　이 책은 언어를 중심으로 배려에 접근해 본 책이다. 인성교육과 교과 교육에서 배려를 이해하고 교육하는 데에 있어 배려적 언어가 중요하다는 데에는 대체로 이견이 없다. 그러나 다학제적으로 접근할 수 있는 배려를 정의하고 그 이론적 체계를 수립하고 교육 전략을 채택하는 데에 있어서는 아무래도 철학-윤리-도덕, 교육(예, 김수동 2004, 송민영 2009, 박상인 2013), 심리(예, 정영숙 2016) 등, 언어 외의 분야에 근간을 둔 연구가 많은 것도 사실이다.

　그러나 다양한 분야와 시각에서 오랜 기간 논의되다 보니, 배려의 정의, 체계, 교육 전략 등을 논하는 데에 있어 그 범위 또한 모호하거나 상당히 넓어져 일관적이지 않게 되었고, 이에 따라 배려와 언어의 관계도 모호하게 되었다. 좁게는 '돌봄', '보살핌'부터 '존중', '공손', '체면',

'관심', '염려', '공감'을 거쳐 '인(仁)',''예(禮),' '의(義)'나 '자비/자애'에 까지 관련어로 사용됨에도 불구하고 다학제적인 배려학 내에서 기존의 언어 이론 등과의 상관성 등을 적극적으로 강조한 논의는 4장에서 본 상생화용 계열의 논의 정도가 다였다.

이에 이 책은 언어 중심 배려 연구를 강조하고 부각하려 시도하였다. 우선 1장은 <표준국어대사전>에서의 '배려'의 정의를 중심으로 문제를 제기하고 배려와 관련된 번역의 문제와 관련 어휘의 유의성 문제를 검토함으로써 배려를 일반적으로나 학술적으로 고찰하는 데에 있어 그 언어 문제를 우선적으로, 또 면밀히 고찰할 필요가 있음을 강조하였다. 그리고 어휘 관계와 어휘 성분분석을 통해 언어학적 해결 가능성도 제시하였다.

기존 배려 연구는 아무래도 철학-윤리적, 교육적인 면만을 지나치게 부각하여 배려를 규범론적이고 당위론적으로 접근하는 경향이 있다. 그러나 1장에서 보았듯이 학제상으로 배려를 다루는 분야들에서 쓰이는 용어들조차도 꼼꼼한 언어학적 논의를 통해서 선택되었다고 보기 힘들다. 이에 본서는 배려 연구에 있어 언어 연구가 선결 대상임을 강조하였다. 이는 반드시 배려를 연구하는 데에 언어가 가장 중요하다는 뜻은 아니다. 그보다는 배려에 관한 논의도 언어로 이루어진다는 점에서 언어를 중심으로 한 연구가 우선순위에 있었어야 함에도 지금까지는 그렇지 못했던 것으로 보인다는 관찰이라고 보아야 할 것이다.

그리고 본격적인 논의를 진행하기에 앞서, 본서는 2장에서 배려 중심 언어 연구의 시의성을 인성교육의 하나로서의 배려교육이 갖는 시의성과 인성교육 안에서 언어, 특히 언어교육이 갖는 중요성을 중심으로 살펴보았다. 먼저 인성교육진흥법 이전부터 있었던 배려교육을 향한 관심을 <2009년 개정 교육과정>과 <2015년 개정 교육과정>을 중심으로 간략하게나마 소개하였다. 이어 인성교육진흥법 제정 과정을 소개하고, 인성교육진흥법에서 배려와 언어가 중요한 위치를 점한다는 점을 강조하였다. 그리고 마지막으로 배려교육을 포함하는 총론 차원에서의 인성교육과 개별 교과교육의 관계를 고찰하여 4장과 5장의 발판을 닦아 놓았다.

　3장은 본격적인 언어 중심 배려 연구의 하나로 포스트-구조주의적 접근법을 취하여 배려를 고찰해 보았다. 선행 연구 검토를 통해 이들을 보완하면서도 1장의 문제도 해결하며 2장과 추후 4장의 교육적 함의도 있는 접근법이 필요하다는 점에서 포스트-구조주의적 접근법이 그 답이 될 수 있음을 제시하였다. 이를 바탕으로 포지셔닝 이론으로 배려의 공시적 쌍방향성, 수평적 상대성, 수직적 다차원성, 배려의 통시적 유동성, 주체적 선택 가능성을 살펴보았고, 이들이 구현되는 구체적인 배려 모드들도 살펴보았다. 이어서 이를 포스트-구조주의적 담화분석으로 확장하여 배려의 반본질성, 상호텍스트성과 다성성(多聲性), 포스트-휴머니즘적 인식론을 고찰하였다. 마지막으로 "문제화하는 실천론"으로서의 비판응용언어학의 관점에서 실행에 옮기는 방안을 제시하여, 배려가 끊임없는 자아 성찰과 지속적인 변화를 지향하는 과정임을 강조하였다.

　이러한 포스트-구조주의와 비판응용언어학의 관점에서 본 배려는 1장에서 사전적인 정의가 제시한 것과 같은 일회성의 "마음을 씀"과 그 마음을 받는 자가 "수용"하는 것이 아니었다. 윤리, 규범, 관습, 종교, 이념, 법률 등에 근거해 배려라 주장하는 목소리와 구체적인 담화 속에서 수행하고 거부하고 협상하고 선택해야 하는 스스로와 타존재의 목소리 사이에서 스스로와 타존재를 위해 끊임없이 갈등하고 문제화하고 성찰하고 협상하고 변화를 도출하는 실천론이 바로 비판응용언어학의 관점에서 보는 배려라 할 수 있다. 즉, 다성적인 목소리들이 여러 층위의 담화 속에서 서로 충돌하며 경쟁하는 갈등의 현장인 것이다. 그렇기에 배려가 있고 없음은 단발적이고 최종적으로 한 번만 판단할 수 있는 것이라기보다 병존·상충할 수도, 취소·철회할 수도, 반성·성찰할 수도, 교육·개선할 수도 있는 지속적 과정이라고 할 수 있는 것이다. 바로 이런 점이 포스트-구조주의적 관점이 배려에 관해 교육적 함의를 갖는 점이면서, 실천 철학으로서 함의를 갖는 점이라 할 수 있다.

이어 4장은 가장 언어를 중심으로 해서 배려를 연구하고 국어를 가르치려 하는 방법의 하나로 상생화용(론)을 소개하였다. 우선 처음에 상생화용(론)이 서양 중심 사조에 대한 대안으로 제시되었다는 점을 밝히고, 이어 그 기본 개념 등을 살피고 언어교육, 특히 국어교육의 맥락에서 의미 생성을 중요시함을 밝혔다. 이러한 배경을 바탕으로 4.2와 4.3절은 최현섭(2004a, b)의 초기 제안 이후 최영환(2005, 2006)이 재정비하고 각각 '상생화용'과 '상생언어'로 확대한 내용을 고찰하였다. 이어 4.4절은 양수연(2019)이 제안하는 생태학적 의미까지 포함하는 '상생 지향 화법'을 소개하며 이 개념이 광의에서 포지셔닝 이론의 수직적 다차원성이나 Noddings의 초대인(超對人) 배려와 관련될 수 있음을 지적하였다. 마지막으로 두 절은 상생화용과 국어교육, 국어-도덕 통합교육, 화법교육 등을 살펴보아 상생화용적 배려 접근법이 갖는 교육적 함의를 살폈다. 안타깝게도 아직 상생화용이 국내 외에는 많이 알려지지 않았으나 그 인식 체계나 교육적 함의 등에 가능성이 많아 향후 더욱 선전하기를 기원해 본다. 반면 상생의 개념에도 불구하고 아직도 화자 위주의 설명이나 인식론이 많은 점, 선택성을 배려의 필수로 보는 점 등은 3장과 접근법이 달라 향후 더 연구와 토론이 필요한 부분이라고 하겠다.

이어 5장은 주류 배려론이라 할 수 있는 Noddings의 배려론을 소개하고 그 논점을 살펴보았다. 우선 Noddings 배려론이 대화철학에 기반한 관계 윤리라는 점, 대화와 대화적 교육을 강조한다는 점, 그리고 서사주의를 취한다는 점을 바탕으로 언어 중심 배려 연구 자체는 아니나 그런 연구를 강조하는 이 책의 한 장을 차지할 수 있음을 밝혔다. 이를 바탕으로 본격적으로 Noddings의 배려론을 배려의 본질, 목적, 유형, 관점, 관계를 중심으로 소개하였다. 이어 Noddings의 배려 중심 교육론을 요약하였다. 그리고 5.4절은 Noddings 배려론에 대한 다섯 가지 비판, 즉 불평등한 관계만을 강조한다는 점, 낯선 사람들을 향한 의무를 간과한다는 점, 상호성과 수용성을 혼동하고 있다는 점, 여성에 대해 억압한다는 점, 그리고 도덕성에 대해 협의의 해석을 내린다는 점을 제시하였다. 그리고 그 비판 사항들과 3장의 주요 논점을 비판응용언어학과 포스트-구조주의 담화분석의 관점에서 다시 성찰하였다. 비판 사항을 성찰해 보건대, 보편적 배려를 인정하지 않는 서사주의를 취하면서도 해방적 모더니즘을 취하는 역설적인 모습이 보였다. 향후 이런 부분에 있어 좀 더 포스트-구조주의적인 조심스러운 성찰과 변화를 위한 고찰과 토론이 필요해 보인다.

위에서 지적한 문제들을 중심으로 각각 이론을 점검한 결과는 아래와 같다. 우선, Noddings의 배려론은 기본적으로 관계 윤리학이다. 그녀의 배려론은 철저하게 배려 주체 위주로 기술이 되어 있고, 피배려자의 수용도 반드시 요구한다. 이러한 내용은 중기(1992)에 들어 자기 배려로부터 점점 멀어지며 동식물 배려, 지구 배려, 인간이 만들 세계 배려, 사고 배려 등으로 점점 넘어서며 조금 불명확해지기는 하나 여전히 배려 주체 위주로 일방적인(박창균 2016) 배려관에 가까워서 그녀가 주장하는 소위 페미니스트적 시각과도 어느 정도 유리되어 있다. 또 자기 배려로부터 점점 멀어지는 동심원적 원근 배려를 논함으로 공간적 단차원성의 문제는 어느 정도 극복을 한다. 그러나 여전히 복수나 대중 배려 주체 간의 합의의 문제, 시간적 단차원성에 관해서는 불분명하다고 할 수 있다. 또 동시적 쌍방향성이 아니고 연속적 상호성이라는 점을 갖는다는 점은 포지셔닝 이론과는 차이가 나는 점이다. 이에 따라 무엇보다 보편적 배려를 인정하지 않는 서사주의, 대화주의를 추구하면서도 교조적인 해방적 모더니즘 성향을 보이는 모습을 보인다.

이에 비해 상생화용 계열의 논의와 박창균(2016)의 논의는 Noddings의 이러한 문제, 혹은 무관심을 어느 정도 극복하고 있다. 상생화용의 '상생'이라는 말 자체나 '배려자'나 '피배려자'보다는 '참여자'라는 용어를 옹호하는 박창균의 소통적 관점은 근본적으로 배려 주체 편향의 문제에서 근본적으로 자유롭다. 특히 상생화용론은 상대 존중뿐만 아니라 만물 존중까지 포함하므로 공간적 단차원성의 문제로부터도 자유롭고, 포스트-휴머니즘적 인식론도 가능하다. 소통의 "중층적 기제"(최인자 2006)를 논한다거나 학교 소통, 대중매체의 소통 등을 논하는 점은 그러한 예시이다. 또 이를 통해 복수나 대중 배려 주체 간의 합의의 문제도 명시적이지는 않지만 고려한다고 볼 수 있다. 마지막으로 시간적 단차원성의 문제도 명시적으로 다루고 있지는 않지만 상생화용론이 강조하는 세 주요 관점, 즉 "진실한 언어사용, 상대존중 및 배려, 의미생성"(최현섭 2004a: 191)의 마지막인 "의미생성"이 어느 정도 다루고 있다고 할 수 있다(그러나 포지셔닝 이론처럼 통시적 융통성을 명시적으로 언급하지는 않는다). 그러나 실제로는 여전히 배려하는 사람 위주인 경우가 많아 주의가 필요하다고 하겠다.

Noddings의 배려론, 상생화용론과 달리 포스트-구조주의적 접근법, 특히 포지셔닝 이론 관점에서 바라보는 배려는 1장의 네 가지 문제를 명시적으로 언급하고 다룬다. 포지셔닝 관점에서 배려는 공시적으로 쌍방향적이고, 수평적으로 상대적이고, 수직적으로 다차원적이며, 통시적으로 유동적이며, 전체적으로 혹은 부분적으로 선택이 가능하다. 공시적으로 쌍방향적이고, 수평적으로 상대적이므로 배려 주체 편향이 있을 수 없고 근본적으로 참여자들이 있을 뿐이다. 또 전체적으로 혹은 부분적으로 선택이 가능하므로 복수나 대중 배려 주체 간의 (미)합의의 문제도 근본적으로 인정하고 설명할 수가 있다. 수직적으로 다차원적이므로 공간적 단차원성의 문제도 이론 내적으로 허용하지 않고, 통시적으로 유동적이므로 시간적 단차원성의 문제도 이론 내적으로 해결 가능했다. 이러한 포지셔닝 이론은 비판응용언어학(Pennycook 2001)이 강조하는 자아성찰성과 변화성을 허용하며 또 강조하므로 배려를 일회성의 "마음을 씀"과 그 마음을 "수용함"이 아닌 지속적인 성찰과 협상을 하는 과정으로 볼 수 있도록 허용했다. 또 같은 맥락에서 (페미니스트) 포스트-구조주의 담화분석(예, Baxter 2004)이 강조하는 것처럼 배려를 '배려자'가 '피배려자'에게 수직적으로 베푸는 것이 아니라 수용하고 소비하고 영속화할 수도 있으나, 전체적으로 혹은 부분적으로 거부하고 협상하고 변화하며 창조할 수 있는 것으로 볼 수 있도록 허용했다.

이처럼 본서는 그간의 배려에 관한 연구를 언어 중심으로 점검하고 특히 포지셔닝 이론, 포스트-구조주의 담화분석, 비판응용언어학을 포괄하는 포스트-구조주의적 접근을 취했다는 데에 의미가 있다. 물론 포지셔닝 이론이나 포스트-구조주의 담화분석, 비판응용언어학 등 자체가 배려를 염두에 두고 쓰여진 이론은 아니다. 그러나 이런 점에서 적어도 언어를 중심으로 한 이론적 분석틀로서의 장점, 특히 그 명확성을 가시적으로 제시했다는 데에 그 의미가 있다. 이를 통해 배려를 일회성의 "마음을 씀"과 그 마음을 "수용함"이 아닌 지속적인 성찰과 협상을 하는 과정으로 볼 수 있었다. 즉, 포지셔닝 이론의 관점에서의 배려는 쌍방향적, 상대적, 다차원적, 유동적, 선택적이므로 어느 한 존재가 다른 한 존재를 배려하느냐 안 하느냐, 그 배려를 수용하느냐 안 하느냐의 문제라기보다 누구의 어떤 포지션에서 어떤 살아온 이야기 속의 어떤 도의적 책무에서 발화-행위가 이루어졌는가를 이해하려 노력하고 이를 협상하는 과정이었다. 그렇기에 배려가 있고 없음은 단발적이고 최종적으로 한 번만 판단할 수 있는 것이라기보다 병존·상충할 수도, 취·철회할 수도, 반성·성찰할 수도, 교육·개선할 수도 있는 지속적 과정으로 보았다.

그러나, 이 세 이론은 서로 반드시 상충하는 이론들이라 보기는 어렵다. 필자의 지식이 너무 일천하여 제대로 이해하지 못한 것도 많을 것이고, 뛰어난 선·후배 학자들이 계속 연구하고 있으므로 서로 보완하며 발전할 수 있는 부분이 많을 것이라 생각한다. 비판응용언어학적인 입장에서 끊임없이 성찰하고 변화하며 조심스런 지식을 인정하는 것이 각 이론이 다른 이론으로부터 배우고 서로 발전해 가는 길이 아닐까 한다.

논문이 아닌 저술을 통해 지면의 한계로 인한 아쉬운 점들은 많이 극복하기는 하였으나, 배려 연구가 워낙 다학제적인 분야이고 본 연구자의 학식은 너무나 일천하기 짝이 없는지라 아직도 언어를 벗어난 분야를 소개하고 배려교육과 밀접하게 연결하는 데에는 미진한 점이 많다. 언어 내적 분야인 상생화용도 매우 심오하고 오묘해서 앞으로도 많이 공부를 해야 할 것 같다. 또 좀 더 많은 실제 발화-행위의 예로 실증적 논의를 진행하지 못한 아쉬움도 크다. 그러나 그러한 점들을 개정판에서 더 다뤄보기로 아쉬움을 달래 본다.

참고문헌

강효경·오현아. 2017. 언어 민감도 고양을 통한 배려하는 말하기 태도 교육 내용 탐색 -보조 용언 '주다'를 중심으로, 화법연구 37, 1-34.

고미숙. 2004. 배려윤리와 배려교육, 한국교육학연구(안암교육학연구) 10-2, 37-62.

고미숙. 2015. 배려받는 자의 윤리, 윤리연구 100-1, 227-256.

고미숙. 2017. 배려교육의 연구동향, 쟁점과 방향, 배려연구, 하우, 167-214.

고미숙. 2022. 포스트휴머니즘과 배려윤리 교육, 도덕교육연구 34-1, 301-330.

구본관. 2017. 국어과와 도덕과의 교과 통합 교육을 위한 내용 구성 방안 - '배려적 언어 사용' 교육 내용을 중심으로, 어문론총 72, 9-45.

김기태. 2020. 관습화된 포지셔닝 촉발 장치로서의 '의문의 1패'와 '의문의 1승' 연구, 언어 45-2, 261-285.

김기태. 2021a. 대중매체 담화에서의 '(강제)소환' 연구: 포지셔닝 이론의 관점에서, 담화와인지 24-2, 23-50.

김기태. 2021b. 대중매체 담화에서의 '굴욕' 연구: 포지셔닝 이론의 관점에서, 언어 46-2, 373-399.

김기태. 2022. 포지셔닝 이론에서 본 '배려': 그 가능성 탐구, 인문언어 24-1, 157-184.

김민영. 2019. 배려 윤리와 환대, 대동철학 89, 19-42.

김민영. 2020. 배려 윤리에서 배려 받는 자의 중요성, 대동철학 93, 21-40.

김민영. 2022. 배려 윤리의 비판적 고찰, 철학연구 161, 49-70.

김수동. 2002. 배려의 교육적 개념 -Noddings 도덕교육론을 중심으로, 교육철학 22, 25-41.

김수동. 2004. Noddings의 배려를 위한 학교교육론, 아시아교육연구 5-4, 219-250.

김정렬. 2015. 담화의 맥락정보로 살펴본 담화공동체의 포지셔닝 변화: '세월호'를 중심으로, 초등교과교육연구 22-1, 1-13.

김현욱. 2018. 지위이론(positioning theory)을 통한 초등학교 수업관찰의 접근, 학습자중심교과교육연구 18-16, 241-261.

루치우스-회네, 가브리엘레·아르눌프 데퍼만 (Gabriele Lucius-Hoene and Arnulf Deppermann). 2011. 이야기 분석: 서사적 정체성의 재구성과 서사 인터뷰의

분석을 위한 이론과 방법론 (개정판) (Rekonstruktion narrativer Identität: Ein Arbeitsbuch zur Analyse narrativer Interviews, 2nd ed.). 박용익 (역). 서울: 역락.

박상인. 2013. 온·오프라인 언어순화 프로그램을 통한 소통과 배려의 어울림 학급 문화 조성, 미래교육연구 3-3, 17-34.

박창균. 2016. 배려의 소통적 자질 탐구, 새국어교육 108, 89-113.

상생화용연구소. 2005. 내 말에 상처받았니?. 서울: 커뮤니케이션북스.

상생화용연구소. 2007. 여보, 내 말에 상처받았어?. 서울: 커뮤니케이션북스.

상생화용연구소. 2008. 선생님 말에 상처받았니?. 서울: 커뮤니케이션북스.

상생화용연구소. 2008. 엄마 아빠 말에 상처받았니?. 서울: 커뮤니케이션북스.

서현석. 2016. 국어교육에서 "배려" 연구의 동향과 전망, 우리어문연구 54, 491-509.

송민영. 2009. 배려 중심의 홀리스틱 교육과정과 수업 방법, 홀리스틱교육연구 13-1, 19-36.

양수연. 2019. 상생화용의 재개념화를 통한 화법교육의 지평 확장, 국어교육연구 70, 165-193.

오미영. 2007. 방송 언어의 불손 전략: 공손 전략 논의를 바탕으로, 한국소통학보 7, 109-150.

이동윤. 2019. 나딩스 교육론의 사상적 배경에 관한 연구, 교육연구논총 40-3, 83-101.

임영철. 2006. 언어행동에 있어서의 배려표현, 일본연구 28, 33-45.

임영철·윤사연. 2009. 장애인 차별어에 대한 태도 및 언어적 배려의식, 사회언어학 17-2, 137-155.

정연옥·박용익. 2017. 간호사의 자리매김 행위에 나타난 의사의 정체성, 텍스트언어학 43, 165-192.

정영숙. 2016. 친밀한 타인 배려에 관한 심리학적 연구와 그 함의, 인문사회과학연구 17-3, 1-31.

정윤경. 2000. 나딩스(Nel Noddings)의 배려윤리와 도덕교육, 한국교육 27-1, 1-29.

차현경. 2006. 배려행동을 통해 본 한일 언어의식 비교, 일본어교육연구 7, 75-91.

최영환. 2005. 언어 문화로서 상생화용 연구의 토대, 국어교육학연구 22, 381-404.

최영환. 2006. 상생언어 연구의 과제, 국어교육 120, 249-285.

최인자. 2006. 상생 화용 교육을 위한 소통의 중층적 기제 연구, 국어국문학 144, 393-418.

최현섭. 2004a. 언어교육의 새 패러다임을 위하여-상생화용론 서설, 청람어문교육 30, 173-197.

최현섭. 2004b. 상생화용론 서설, 국어교육 113, 27-78.

최현섭, 박인기, 이창덕, 고대혁, 박병기, 최인자, 서홍교, 정혜승, 정현선. 2007. 상생 화용, 새로운 의사소통 탐구. 서울. 커뮤니케이션북스.

추병완. 2003. 나딩스(Nel Noddings)의 도덕교육론, 교육연구 21, 99-124.

허용주. 2014. 대화 유형별 특성과 조건이 교육적 대화에 주는 함의: Buber, Noddings 와 Burbules의 대화유형을 중심으로, 홀리스틱융합교육연구 18-3, 207-235.

Angermuller, Johannes. 2020. Poststructuralist Discourse Studies: From Structure to Practice, in De Fina, Anna and Alexandra Georgakopoulou (eds.), *The Cambridge Handbook of Discourse Studies*, 235-254, Cambridge: Cambridge University Press.

Bakhtin, Mikhail M. 1981. *The Dialogic Imagination: Four essays*, ed. by Michael Holquist and trans. by Caryl Emerson and Michael Holquist. Austin, TX: University of Texas Press.

Barthes, Roland. 1967. The Birth of the Author, in Barthes, Roland (1977), Image-Music-Text, 142-148. New York: Hill & Yang.

Barthes, Roland. 1977. *Image-Music-Text*. New York: Hill & Yang.

Baxter, Judith. 2003. *Positioning Gender in Discourse*. New York: Palgrave Macmillan.

Belsey, Catherine. 2002. *A Very Short Introduction to Poststructuralism*. Oxford: Oxford University Press.

Blum-Kulka, Shoshana and Elite Olshtain. 1984. Requests and Apologies: A Cross-Cultural Study of Speech Act Realization Patterns, *Applied Linguistics* 5, 196-213.

Blum-Kulka, Shoshana, Juliane House, and Gabriele Kasper (Eds.). 1989.

Cross-Cultural Pragmatics: Requests and Apologies. Norwood, NJ.: Ablex.

Bok, Eunim and Youngsang Cho. 2018. Case Study on One North Korean Defector College Student's Journey to Learning English in South Korea, *Hyentayyengekyoyuk [Modern English Education]* 19-2, 63-74.

Brown, Penelope and Stephen C. Levinson. 1987. *Politeness: Some Universals in Language Usage.* Cambridge: Cambridge University Press.

Cameron, Deborah. 1995. *Verbal Hygiene.* London: Routledge.

Card, Claudia. 1990. Caring and Evil, *Hypatia* 5-1, 101-108.

Cho, Hyun-hee. 2005. Korean Graduate Students' Construction of Identity in American Classroom Discussions, *Sahoyenehak [Korean Journal of Sociolinguistics]* 13-1, 248-276.

Cho, Hyun-Hee. 2006. Positioning and Language Learning of Two First Grade ESL Students, *Oykwukekyoyuk [Foreign Languages Education]* 13-3, 263-282.

Davies, Bronwyn and Chas Banks. 1992. The Gender Trap: A Feminist Poststructuralist Analysis of Primary School Children's Talk about Gender, *Curriculum Studies* 24-1, 1-25.

Davies, Bronwyn and Rom Harré. 1990. Positioning: the discursive production of selves, *Journal for the Theory of Social Behavior* 20-1, 43-63.

Davies, Bronwyn and Rom Harré. 1999. Positioning and Personhood, in Harré, Rom and Luk van Langenhove, *Positioning Theory: Moral Contexts of Intentional Action,* 32-52. Malden, MA: Blackwell.

Eelen, Gino. 2001. *A Critique of Politeness Theories.* Manchester and Northampton, UK: St. Jerome.

Fairclough, Norman. 1989. *Language and Power.* New York: Longman,

Foucault, Michel. 1984. What is Enlightenment?, in Rabinow, Paul (ed.) *The Foucault Reader,* 32-50. London: Penguin.

Gairns, Ruth and Stuart Redman. 1986. Working with Words. Cambridge: Cambridge University Press.

Goffman, Erving. 1955. On Face-Work: An Analysis of Ritual Elements in Social

Interaction, Psychiatry 18, 213-231.

Goffman, Erving. 1967. Interaction Ritual: Essays in Face-to-Face Behavior. Chicago, IL: Aldine.

Goffman, Erving. 1981. *Forms of Talk*. Philadelphia, PA: University of Pennsylvania Press.

Ha, Hyung-Ji. 2020. Positioning of "Mature" EFL Nursing Students at a Vocational College. Unpublished doctoral dissertation. Keimyung University.

Ha, Hyung-Ji. 2021a. An Analysis of Mature Students' Positioning and Power Claims at a Vocational College, *Humanities Studies East and West* 60, 325-358.

Ha, Hyung-Ji. 2021b, An Analysis of Mature Students' Positioning Based on the Use of Terms of Reference, *Korean Journal of Applied Linguistics* 37-1, 91-114.

Harré, Rom and Fathali M. Moghaddam (eds.). 2003. *The Self and Others*. Westport, CT: Praeger.

Harré, Rom and Fathali M. Moghaddam (eds.). 2013. *The Psychology of Friendship and Enmity*. Santa Barbara, CA: Praeger.

Harré, Rom, Jens Brockmeier, and Peter Mühlhäuser (eds.). 1999. *Greenspeak: A Study of Environmental Discourse*. Thousand Oaks, CA: Sage.

Harré, Rom and Luk van Langenhove (Eds.). 1999. *Positioning Theory: Moral Contexts of Intentional Action*. Oxford, UK: Blackwell,

Hoagland, Sarah L. 1990. Some Concerns about Nel Nodding's *Caring*, Hypatia 5-1, 109-114.

Hollway, Wendy. 1984(1988). Gender Difference and the Production of Subjectivity, in Henriques, Julian, Wendy Hollway, Cathy Urwin, Couze Venn, and Valerie Walkerdin, *Changing the Subject: Psychology, Social Regulation and Subjectivity*, 223-261. London: Routledge.

Johannesen, Richard L. 2000. Nel Noddings's Uses of Martin Buber's Philosophy of Dialogue, *Southern Communication Journal* 65-2-3, 151-160.

Kim, Ki-tae. 2006. *Discourse of Oriental Medicine*. Unpublished doctoral dissertation. Washington, D.C.: Georgetown University.

Kim, Ki-tae. 2010. The Korean Particle *—nun* as a Positioning Marker. Paper presented at the 2010 Seoul International Conference on Linguistics (SICOL-2010), Korea University.

Kim, Ki-tae. 2011. Positioning and Multidimensional (Im)politeness in Korean Oriental Medical Discourse, *Journal of Asian Pacific Communication* 21-1, 34-59.

Kim, Ki-tae. 2013. The Korean Particle *—nun* from the Perspective of Positioning Theory. Paper Presented at the 2013 Society of Modern Grammar (SMOG) Summer Conference, Yeungnam University.

Kim, Shinhye. 2016a. A Small Story of an Early Study Abroad Student: A Positioning Analysis, *Ungyongenehak [Korean Journal of Applied Linguistics]* 32-4, 57-87.

Kim, Shinhye. 2016b. Teacher Identity Construction of Two Non-Regular English Conversation Teachers. *Oykwukekyoyuk [Foreign Languages Education]* 23-4, 1-28.

Lamb, Gavin and Christina Higgins. 2020. Posthumanism and Its Implications for Discourse Studies, in De Fina, Anna and Alexandra Georgakopoulou (eds.), *The Cambridge Handbook of Discourse Studies*, 350-370, Cambridge: Cambridge University Press.

Larsen-Freeman, Diane and Marianne Celce-Murcia. 2016. *The Grammar Book* (3rd ed.). Boston, MA: Heinle.

Lather, Patti. 1991. *Getting Smart: Feminist Research and Pedagogy with/in the Postmodern*. London: Routledge.

Leech, Geoffrey N. 1983. *Principles of Pragmatics*. London: Longman.

LoCastro, Virginia. 2012. *Pragmatics for Language Educators: A Sociolinguistic Perspective*. New York: Routledge.

Meyer, Charles F. 2009. *Introducing English Linguistics*. Cambridge: Cambridge

University Press.

Moghaddam, Fathali M. and Rom Harré (eds.). 2010. *Words of Conflict, Words of War: How the Language We Use in Political Processes Sparks Fighting*. Santa Barbara, CA: Praeger.

Moghaddam, Fathali M., Rom Harré, and Naomi Lee (eds.). 2008. *Global Conflict Resolution through Positioning Analysis*. New York: Springer.

Myers, Gail E. and Michele Tolela Myers. 1991. The Dynamics of Human Communication: A Laboratory Approach (6th ed.). New York: McGraw-Hill (임칠성 옮김. 1998. 대인관계와 의사소통. 집문당).

Noddings, Nel. 1984/2013. *Caring: A Relational Approach to Ethics and Moral Education* (Updated 2nd ed). Berkeley, CA: University of California Press.

Noddings, Nel. 1992. *The Challenge to Care in Schools: An Alternative Approach to Education*. NY: Teachers College Press.

Noddings, Nel. 1995. *Philosophy of Education*. Boulder, CO: Westview Press.

Noddings, Nel. 1998. Stories in Dialogue: Caring and Interpersonal reasoning, in Witherell, Carol & Nel Noddings (eds.), *Stories Lives Tell: Narrative & Dialogue in Education*, 157-170, NY: Teachers College Press.

Pennycook, Alastair. 2001. *Critical Applied Linguistics: A Critical Introduction*. Mahwah, NJ: Lawrence Erlbaum.

Pomerantz, Anita. 1984. Agreeing and Disagreeing with Assessments: Some Features of Preferred/Dispreferred Turn Shapes, in Atkinson, John Maxwell and John Heritage (eds.), *Structures of Social Action: Studies in Conversation Analysis*, 57-101. Cambridge: Cambridge University Press. .

Searle, John R. 1969. *Speech Acts: An Essay in the Philosophy of Language*. London: Cambridge University Press.

Searle, John R. 1975. Indirect Speech Acts, in Cole, Peter and Jerry L. Morgan (eds.), *Syntax and Semantics* 3, 59-82. New York: Academic Press.

Searle, John R. 1976. A Classification of Illocutionary Acts, *Language in Society* 5, 1-23.

van Langenhove, Luk and Rom Harré. 1999. Introducing Positioning Theory, in
    Harr, Rom and Luk van Langenhove (eds.), *Positioning Theory: Moral
    Contexts of Intentional Action*, 14-31. Oxford, UK: Blackwell.

Walkerdine, Valerie. 1990. *Schoolgirl Fictions*. London: Verso.

Watts, Richard. J. 2003. *Politeness*. Cambridge: Cambridge University Press.

Yu, Kong-Ae. 2003. Characteristics of Korean Politeness: Imposition is Not Always
    a Face Threatening Act, *Discourse and Cognition* 10-3, 137-163.

[온라인 보도자료]

사이드뷰(윤진욱 기자). 2021년 10월 31일 자. <배려인가 강요인가, 임산부 배려석에
    대한 고찰>.

중앙일보(정시내 기자). 2022년 5월 16일 자. <"왜 배려 강요하나"…오은영 '에티켓 캠
    페인 뜻밖의 논쟁>

한국일보. 2022년 1월 15일 자. 16면. 여론 속의 여론. "임산부 배려석 필요" 공감하지
    만…"항상 비워둬야" "그럴 필요 없다" 팽팽.

kbs뉴스(박찬 기자). 2020년 2월 12일. <"장애우가 아니라 장애인입니다"… 마트부터
    휴게소까지 '곳곳' 사용. <https://news.kbs.co.kr/news/view.do?
    ncd=4380158>

[위키]

나무위키(namu.wiki). '인성교육' 항목.

[개인 블로그 등]

<사람을 움직이는 작은 배려가 리더를 만든다>
<https://bizmain.tistory.com/27>.

[법조항]

인성교육진흥법.
1997년 제7차 교육과정.

2007년 개정 교육과정.

2009년 개정 교육과정.

2015년 개정 교육과정.

교육부. 2009 국어과 교육과정 (교육부 고시 제2012-14호, 2012. 7월 고시).

교육부. 2015. 초, 중등학교 교육과정 (교육부 고시 제2015-74호, 2015. 9.23.).